KB167260

경허와 그 제자들

차례
Contents

그 사람, ^{경허}

이(李) 씨 조선의 수도 서울. 서울이 이 나라의 중심으로 자리 잡으면서 우리는 적은 것을 얻었다. 그러나 우리는 얻은 것보다 더 많은 것을 잃었다. 먼저 외관으로 살펴본다면 우리의 터전이 한반도 일원으로 국한되었고, 우리의 역사는 밖으로 눈을 돌리지 못한 채 내부의 권력 다툼으로만 치달았다. 그러나 더욱 중요한 사실은 깊고 넓은 불교철학 대신 지극히 편협하고 현실적인 유교의 속박을 스스로 짊어졌다는 것이다. 한마디로 말하면 우리 민족만이 가지고 있던 고유의 사상 체계를 잃어버린 것이다.

현실을 풍요롭게 하는 이상이 사라진 자리에는 우리를 왜소하게 만드는 사대주의가 들어앉았다. 그래서 조선의, 아니

서울 6백 년은 한편으론 대견한 일이면서도 한편으론 부끄러운 일이다. 한 번도 밖으로 날아오르지 못한 좌절의 서울 시대. 6백 년의 긴 세월을 가리켜 안타깝게도 남의 눈치만 보고 살아온 가난의 세월이었다고 하면 잘못된 말일까?

그러나 그것은 누구의 잘못도 아니다. 아무도 탓할 수 없다. 역사는 결코 우연에 의해 이루어지지는 않는다. 손톱만한 자신들의 이기만을 위해 내달린 우리 선조들의 그릇된 입신양명 의식이 끈질기게도 '작은 중화(中華)' 이씨 조선 6백 년을 잘도 지탱해 준 것이다. 몇몇의 아주 극소수 사람들이 그 허망한 인습의 벽을 깨기 위해 깃발을 흔들었으나 그것은 언제나 계란으로 바위를 치는 격이 되고 말았다.

그래서 청계사(淸溪寺)를 찾는다. 우리의 머리를 덧씌운 명에를 거침없이 벗어던진 이. 우물 안 개구리가 되어 모두 올망졸망 자신들이 바라보는 동그란 하늘만을 전체 하늘이라고 탁상공론 할 때 결코 저것만이 하늘이 아니다 일갈하며 좁은 우물 속을 뛰쳐나온 이, 경허! 그가 처음 출가삭발을 한 곳, 청계사다.

시흥시에서 가는 길, 그러니까 서울과는 반대 방향이다. 서울, 과천, 성남으로 갈라지는 안양의 인덕원 사거리를 지나 서울구치소를 조금 벗어나자 버스의 종점 청계에 이르렀다. 청계산. 서울시와 경기도의 경계를 따라 걸쳐있는 높이 618미터의 산. 서쪽에 위치한 관악산과 함께 서울의 남쪽 방벽을 이루는 산이다. 청계산은 망경대와 국사봉, 옥녀봉, 청계봉 등

여러 산봉우리로 이루어져 있다. 원래 산정에서 청룡이 승천하였다고 하여 청룡(靑龍)산이라고 불렸다. 그 청룡을 경허(鏡虛)라고 생각하면 어떨까? '우리 시대의 마지막 전설', 오래전 성철 종정의 입적 때 모든 신문은 이런 표제를 달았다. 그렇다면 경허는 '우리의 마지막 전설'로 불려야 한다. 불가에서는 잊을 수 없는 이름, 지울 수 없는 이름, 초인 경허의 출가초행 흔적을 찾기 위해 청계산을 오른다.

'성철 종정의 삶이 어째서 그리 많은 사람들의 반향을 불러일으켰을까?'라는 의문을 가진 사람이면 반드시 경허의 삶을 되새겨볼 필요가 있다. 시대는 다르지만 성철, 경허 모두 '굵은 삶(生), 빈손(無所有), 불타는 구도열(勇猛精進)'에 있어 한 치의 다름이 없다. 경허가 처음 출가삭발을 한 곳이 청계산의 청계사다. 물론 지금의 청계산은 기록으로는 모두 시흥의 관악산으로 되어있다.

石路千崖盡
香煙一室淸
客來求煮茗
僧坐自繙經
樹老何年種
鍾殘半夜聲
悟空人事絶
高臥樂無生

돌길은 일천 언덕에 다 이르고

향 연기는 방안에 맑게 피어오른다.

객이 찾아와 차 끓이기를 구하고

스님은 앉아 스스로 경전을 뒤적인다.

나무는 늙었으니 어느 해에 심었는고.

종은 쇠잔하니 한밤중의 소리로다.

공을 깨달아 인사를 끊었으니

높이 누워 무생함을 즐거워하노라.

– 제청계산행상인원(題靑溪山行上人院)

조선 초 뛰어난 시인이었던 변계량(卞季良)이 청계산을 찾
아 남긴 시다. 그러나 당연히 돌길은 없다. 겉보기에는 맑아
보이는 계곡의 물들은 꽁꽁 언 채 숨을 죽이고 있다. 나무들
도 모두 죽은 것만 같다. 봄은 아직 우리들의 가슴 속에만 있
는지도 모른다.

불문에 들다

경허(鏡虛, 1849~1912). 그의 이름을 기억하는 것만큼 기실
그의 행적은 기록으로 남아 있는 것이 별로 없다. 물론 인구
에 회자된 만행이 그가 가지고 있던 사상의 깊이와 불도의 넓
이를 짐작하게 할 뿐이다. 원효 이래 그만큼 많은 일화를 가

지고 있는 스님도 없다. 그러나 불행하게도 지금 찾아가는 청계사에 얽힌 일화는 하나도 없다. 그도 그럴 것이 청계사는 그가 아홉 살에 들어와 열네 살에 동학사(東鶴寺)로 가기 전까지 잠시 머문 곳일 뿐이다. 그러나 그 유년의 기간이 그의 전 생애를 좌우했음은 불문가지(不問可知)다. 그래서 청계사는 경허에게 남다른 의미가 있다. 그럼으로 불가에도 남다른 의미를 갖는다. 가정하여 그가 우리 불가에 없었다면? 작금 불교가 가지고 있는 이만한 입지조차 우리는 마련하지 못했을지 모른다. 그런 의미에서 보면 청계사는 본의건 본의가 아니건 오늘 우리 불교의 은사(恩寺)다.

경허 스님이 어째서 그 어린 나이에 불문에 들어오게 되었는지는 알 길이 없다. 그는 1849년 8월 24일 전주에서 태어났다. 그의 나이 아홉 살 때 아버지 송두왕(宋斗王)이 죽자 어머니 박씨 부인의 손을 잡고 청계사에 입산해 계허대사(桂虛大師) 밑에서 출가자의 첫걸음을 내딛는다. 그의 형도 공주(公州) 마곡사(麻谷寺)에 출가한 것을 보면 대대로 불연이 깊은 집안이었던 것만은 틀림없다고 추측해 볼 수 있다.

진짜였는지 혹은 나중에 붙여진 말인지는 알 수 없으나 그는 태어난 지 꼭 3일만에야 울음을 터뜨렸다고 한다. 그것이 사실이라면 그는 출생 초기부터 어떤 신이(神異)를 가지고 세상에 나온 것이다. 청계사에서의 행자 생활은 어린 그에게 견딜 수 없는 고통의 나날이었지만 그는 남다르게 기골이 장대했다. 그는 천부적인 강건함으로 산중생활에 익숙해져 갔다.

경허 선사가 수행했던 동학사

한 해, 두 해……. 드디어 그에게 문자를 접할 수 있는 기회가 왔다. 그의 나이 열네 살에 박처사(朴處士)라는 사람으로부터 글을 배우게 된 것이다.

이후 그에게 걸리는 것은 없었다. 하나를 익히면 능히 열을 아는 총명함으로 그는 일찌감치 계허대사의 심중에 자리 잡게 된 것이다. 마침내 계허대사가 퇴속(退俗)하면서 동학사(東鶴寺)에 있는 만화(萬化) 강백(講伯)에게 천거했다. 경허는 만화 강백 밑에서 불경은 물론 유전(儒典), 노장(老莊)까지 두루 섭렵해 스물세 살에 동학사 강원 강사로 추대되었다. 놀라운 일이 아닐 수 없다. 이후 그의 행적은 알려진 대로 한국 불교의 법등(法燈)이었다. 그를 따르는 수많은 학인들이 구름 떼처럼 동학사로 몰려들었다. 그런 그가 수월(水月), 혜월(慧月), 만공

(滿空), 한암(漢岩) 등의 뛰어난 제자를 남긴 것은 어쩌면 너무나 당연한 일이다.

문둥이 여인

서산 천장사(天藏寺)의 겨울 저녁. 문둥이 거지 여인이 밥을 얻으러 왔다. 미친바람은 제 갈 곳을 모르고 있었다. 그야말로 천지사방으로 흩어진 머리카락 사이로 두 눈만 빠꼼한 여인. 온 몸 전체는 피고름 범벅이었다. 여인은 부엌에 가서 동냥통을 내밀었다. 악취가 사람들의 코를 찔렀다. 당연히 부엌문이 닫혔다.

"어서 꺼져!"

그러나 거지 여인은 부엌문을 잡은 채 울고 있었다. 생사의 갈림길. 거지 여인의 입장에서 보면 삶의 마지막 끈이었다. 생살을 그대로 얼려버릴 것 같은 추위. 게다가 먹을 것마저 없다면……. 여인은 끝끝내 한번 잡은 부엌문을 놓지 않았다. 사람들이 부엌문을 흔들었다.

"안 가면 죽여!"

"으으!"

그 소란에 경허는 무서운 광경을 볼 수 있었다. 처절한 몸부림. 생의 마지막이 될지도 모르는 여인의 외마디 신음소리를 듣고 경허는 조용히 손짓을 했다. 그 거지 여인은 처음에는 경허가 부르는 손짓을 감지하지 못하고 여전히 부엌문을 붙잡은 채 울부짖고 있었다. 아무도 자신에게 손짓을 할 사람은 없었다. 그런 사람이 있다면 그건 미친 사람일 뿐이었다. 세상 천지에 자신에게 단 한 번이라도 따뜻한 몸짓을 해 줄 사람이 없다는 사실은 그녀 자신이 더 잘 알고 있었다.

그러나 경허의 그윽한 눈빛과 마주친 여인은 황급히 달려갔다. 달랐던 것이다. 이제까지의 사람들 눈짓이 아니었다. 손짓이 아니었다. 얼굴에는 아무 표정이 없었지만 가슴에 감춰 둔 불덩어리를 읽을 수 있었다. 저 사람이라면 틀림없다. 한 덩어리의 밥을 얻어먹을 수 있을 것이다. 경허는 피고름으로 만신창이가 된 그녀를 자신의 방으로 데리고 갔다. 뜨거운 눈물이 고름으로 얽은 여인의 두 볼을 타고 흘러내렸다. 그것은 아무도 건널 수 없는 강이었다. 누구도 넘을 수 없는 산이었다. 그렇지만 경허의 표정은 여전히 변함이 없었다. 묵묵부답 ……. 그리고 같은 밥상에서, 같은 이부자리에서 살을 맞댔다. 이야기는 필요 없었다.

여인에게는 꿈같은 세월이 흘렀다. 몇몇 대중들의 수군거리는 소리는 경허에게 들리지 않았다. 그는 태연하게 거지 여인과 즐거운 일상을 누리고 있었다. 그러나 그의 육신은 차츰 병들어가고 있었다. 그의 얼굴에, 그의 손발에 생긴 작은 염증들이 점점 온몸으로 번지고 있었다. 그렇게 한 달이 지난 후, 태허(太虛) 선사와 몇몇 스님들이 경허를 설득했다. 여인을 떼어버리지 않는다면 강제로라도 내쫓겠다고 으름장을 놓았다. 어쩔 도리가 없었다. 이별이 준비되어 있었다.

"스님, 저 세상에 가서도 잊지 않겠습니다."

거지 여인이 떠나면서 경허에게 한 짧은 말이었다. 거지 여인은 이제 거지가 아니었다. 내일 당장 눈 내리는 산허리쯤 어디에서 얼어 죽는다 해도, 아니면 비 내리는 저잣거리 어디쯤에서 굶주림으로 목숨을 마친다 해도 그녀는 더 이상 거지가 아니었다. 육신이 무너진 어떠한 순간에도 비로소 자신이 다른 사람과 똑같은 인간임을, 한 인간으로서의 자각을 하게된 것이다.

그것이 거짓이든 거짓이 아니든 문둥이 여인을 품에 안은 이 이야기. 어쩌면 너무나 유명한 이 이야기 하나로 경허는 자신이 맡은 소임을 다했는지도 모른다. 인간이 인간을 사랑하는 방법. 인간이 인간을 사랑할 수밖에 없는 슬픔. 그가 가지고 있던 그 무서운 구도(求道)가 사실은 '어떻게 인간을 사랑함으로써 인간을 극복할 수 있는가'에 놓여 있었는지도 모르기 때문이다. 그 후 그에게는 고통이 왔다. 그 여인이 남기고 간 피부병은 눈을 감는 날까지 그를 떠나지 않았다.

"닭똥으로 소주를 다려 개고기와 곁들여 드십시오. 반드시 효과가 있을 것입니다."

확실하지는 않으나 이것이 발단이 되어 그의 주량(酒量)과 육량(肉量)은 무서울 정도로 늘어갔다. 전국을 가리지 않고 동분서주하며 선풍을 진작시킨 그가 갑자기 유랑행각에 나선 것은 그의 나이 쉰여섯 살 때였다. 월정사와 석왕사의 법문을 끝으로 그는 절에서 영원히 자취를 감추고 만다.

1886년 그는 문득 환속하여 박난주(朴蘭州)라 개명하였고, 함경도의 두메 삼수(三水), 갑산(甲山), 장진(長津)을 떠돌며 때로는 마을 아이들의 훈장으로, 때로는 유랑걸인으로, 때로는 많은 선비들과 시정을 나누는 유한시인으로 남은 생애를 보냈다. 그리고 그의 나이 예순네 살, 법랍 쉰여섯 살에 홀연 열반에 들었다. 1912년 4월 25일 새벽 갑산에서였다.

하늘을 보다

"경허 스님에 관한 흔적은 청계사에 아무 것도 없어요. 뭐 워낙 어릴 때 있었으니까. 이따금 무슨 연구소나 불교잡지에서 찾아오곤 하지만 그때마다 할 말이 없어요. 단지 지금의 극락보전에서 기거했다는 것 외에는 아무것도 ……."

청계사에 거하는 젊은 스님은 난처한 듯 웃었다. 그러나 진정한 경허의 흔적은 대웅전이나 요사채, 그가 기거했다는 극락보전에 있는 것은 아니다. 청계사에서 내려다보는 저 산줄기, 그 산줄기를 넘어가는 구름과 몰려드는 바람 그리고 절 뒤꼍에 서 있는 늠름한 소나무와 키 작은 산죽들 사이에 있는지도 모른다.

몇 년 전 왔을 때와 또 다르게 변한 청계사. 사실대로 표현하자면 절이 아니라 약수터라고 해야 옳을 것이다. 청계 종점에서 절까지 오르는 동안 겨우 겉치레로 아스팔트를 깐 좁은 도로에는 쉴 새 없이 차들이 질주하고 있었다. 평일인데도 불

구하고 절을 찾는 사람들의 뒷모습을 보는 순간도 잠깐. 청계사 아래 돌계단에 도착했을 때는 전부 물통의 천지였다. 예상했던 대로 옥수 같았던 극락보전 앞의 물은 말라 있었다. 물을 찾는 중생들을 위해 절마당의 물을 바깥으로 빼준 스님들의 자비라고 생각했지만 어쩐지 뒷맛이 개운치 않았다. 이름대로의 청계사는 이제 없는 것이다.

경허가 물짐을 지고 나무를 했을 뒷산에 올랐다. 담배를 꺼내 물었다. 원효도 마찬가지였지만 경허 또한 태양같이 밝은 이면에 그만한 그림자를 우리 불가에 드리워 놓았다. 수많은 허울승들이 그들의 기행(奇行)을 모방해 지금도 한심한 작태를 연출하고 있는 현실. 원효와 경허의 만행이 어째서 인구에 회자되는지를 그들은 알지 못하는 것이다. 원효와 경허는 그들 자신의 욕망으로 하여 기행을 한 것이 아니라는 사실, 그들의 파격 뒤에는 불타는 구도 의지와 대중을 향한 뜨거운 애정이 숨어 있었다는 사실을 철저하게 모르고 있는 것이다.

가버린 이름, 그러나 언제까지 살아있는 이름. 오로지 서울 중심으로만 형성된 6백 년 조선의 잘못된 정신문화가 그래도 이만한 요량을 갖춘 것은 전국 각지의 수많은 사찰 그리고 그 사찰 속에 원효와 경허 같은 무수의 구도자들이 있었기에 가능한 일이었다. 그러니까 경허라는 걸출한 선승(禪僧), 아니 경허라는 꿈속의 초인(超人), 경허라는 이 땅의 부처(佛陀)를 배출하기 이전의 청계사는 숨 쉬지 못하고 쓰러져가던 이 나라 정신의 고갱이였던 것이다. 비옥한 땅은 결코 주인을 속이지 않는다. 청계사는 경허로 하여 아름답다. 이 나라 또한 그로 하여 잘못된 유교의 굴레를 벗어나 비로소 참된 하늘을 볼 수 있었다. 누가 하늘을 보았다 하는가? 이 땅의 오직 한 사람, 그 사람이 바로 경허였다.

상락객(常樂客)이 되다

수행자로서 어느 정도 일가를 이루었다고 자신하는 경허는 어느 날 은사 계허 스님의 권속을 찾아 천안으로 가는 도중 홀연 폭풍우를 만났다. 더구나 캄캄한 밤길, 그는 여러 집 대문을 두드려 보았지만 아무도 문을 열어주지 않았다. 폭풍우 소리만 귓전을 때릴 뿐 아무 인기척을 찾아볼 수 없었다.

그러다 경허는 억수같이 내리는 장대비를 피해 급히 어느 집 처마 밑으로 들어갔다. 그랬더니 대뜸 집주인이 내쫓았다. 다른 집으로 갔으나 역시 똑같았다. 그 마을 수십 가구를 다 가보아도 모두 마찬가지였다. 경허는 마지막 집에서 주인의 멱살을 움켜잡았다. 세상인심이 아무리 험하지만 처마까지 내주지 않는 성품을 나무랐다. 노인이 고개를 끄덕거렸다. 경허는 대뜸 집안으로 들어갔다. 그런데 아, 그곳엔 널려있는 시체들이 썩어가고 있었다. 노인이 조용히 꾸짖었다.

"이봐 땡중? 걸리면 그 자리에서 즉사하는 무시무시한 전염병이 돌아 오늘 멀쩡히 서 있던 사람도 내일 죽어 나가는 판인데 자네는 어떤 사람이기에 죽는 곳에 들어왔는가?"

바로 그때 축 늘어져 있던 송장이 경허의 발목을 잡았다. 등에서는 식은땀이 흘러내렸다. 자신도 전염병에 걸려 죽을지도 모른다는 생각이 뇌리를 스치자 모골이 송연했다. 그의 몸이 전율하기 시작했다. 경전 구절을 수없이 암송해도 죽음의 공포로부터 벗어날 수 없었다. 숨이 가빴다. 그곳을 뛰쳐나와 달려간 곳, 그는 비 내리는 주막에 술상을 놓고 앉아 눈을 감았다.

겨울 산.

하관에 참여한 사람은 단 몇 사람. 하관이 시작되면 관을 붙들고 오열하는 어머니. 그것을 물끄러미 바라보는 두 소년. 경허와 형이었다. 그 모습을 바라보는 한 여인. 경허의 눈에 비치는 하늘. 내리는 눈발. 이윽고 청계사에서 머리를 깎는 경허. 경허를 인계하고 떠나는 어머니. 밤낮으로 물 긷고 나무하는 경허. 땅바닥을 칠판삼아 글을 배우는 경허. 그리고 수도정진. 몰려드는 학인들. 그곳의 한 여인.

지그시 눈을 뜨는 경허. 여태까지 생과 사가 일여하다고 느

끼며 가르쳐왔지만 그것은 관념의 유희에 불과했다. 죽음에 직면한 자신의 모습이 너무나 초라했다. 지금까지의 모든 경전 문구가 부질없는 메아리로 들렸다. 생각이 여기에 이르자 그는 결심했다. 진정 살아있음 그 자체로 죽음에 직면하자! 그는 다시 산에 돌아온 뒤 대중들을 흩어보내며 말했다.

"그대들은 인연 따라 잘들 가게나. 나는 여기 있겠네."

그는 문을 폐쇄하고 단정히 앉았다. 창문 밑으로 주먹밥이 들어올 만큼의 구멍만 뚫어놓고, 한 손에는 칼을 쥐고 목 밑에는 송곳을 꽂은 널판자를 놓아 졸음이 오면 송곳에 다치게 장치하여 잠을 자지 않고 정진했다.

소문이란 화살보다 빠른 법. 이러한 정진력은 절 아랫마을까지 소문이 났다. 그러던 어느 날 학명도일(學明道一)이라는 스님이 아랫마을에 내려갔다가 이처사라는 진사(進士)를 만나 수인사를 하게 되었다.

"스님, 요즘 어떤 공부하십니까?"

"그저 경이나 읽고 염불하며 가람 수호하는 것이 일과랍니다."

"스님! 그렇게 공부하다가 소가 되면 어쩌시려구요?"

"그럼 어떻게 하면 소가 안 될까요?"

"소가 되더라도 고삐를 꿸 콧구멍이 없으면 되지요."

고삐를 꿸 콧구멍이 없는 소. 학명 스님은 무슨 말인지 알수 없어 절에 들어와 대중들에게 물었지만 누구도 대답을 못하였다. 그래서 경허를 찾아가 "소가 되어도 고삐 뚫을 콧구멍이 없다는 것이 무슨 뜻인가?"하고 물었다. 경허는 아무 대답도 하지 않았다. 혼자 고개를 끄덕였다. 그리고 도일 스님의 얼굴을 올려보았다. 멍청한 표정이었다. 그런데 그의 뒷머리를 때리는 언어를 발설하고 있었다. 경허는 지그시 웃었다. 무언가 감이 온 것이다. 여태 그의 가슴을 짓누르던 커다란 돌덩이 하나가 부서지는 순간이었다.

그는 여유 있게 물었다.

"그대는 어떻게 생각하오?"

예상대로 도일 스님이 고개를 흔들었다. 경허 또한 고개를 흔들었다. 그러나 그의 눈은 이미 활활 타고 있었다. 온 들판을 다 태우고, 온 나라를 다 태우고도 남을 불씨가 돌덩이 대신 그의 가슴 속에 자리 잡았다.

그는 스스로에게 조용히 대답했다. '콩이 익으면 가을 햇볕에도 콩깍지를 터뜨리는 법!' 그 순간 마음속에 얽혀있던 모든 의문이 한꺼번에 풀린 것이다. 그는 마침내 주장자를 꺾어 던졌다. 그의 나이 33세. 그는 무심히 다음과 같은 오도가(惡道歌)를 읊었다.

忽聞人語無鼻孔
頓覺三千是我家
六月燕巖山下路
野人無事太平歌

문득 콧구멍 없다는 소리에
삼천대천세계가 내 집임을 깨달았네.
유월 연암산 아랫길에
일없는 들사람 태평가를 부르네.

그는 처음으로 하늘을 보았고, 처음으로 들판을 보았다. 그
는 처음으로 햇님을 보았고, 처음으로 달님을 보았다. 세상 모
든 것을 본 것이다. 그의 눈에 덧씌워져 있던, 그의 눈을 가로
막았던 검은 콩깍지가 소리 없이 날아가 버린 것이다. 이제
거칠 것이 없었다. 이제 머물 곳이 없었다. 떠나서 돌아올 곳
도, 돌아가서 다시 떠날 곳도 없었다.

그는 자신이 만들고 자신이 부술 태평가를 부르며 세상을
향해 발길을 옮겼다. 그야말로 물이 되었다. 구름이 되었다.
33살에 그는 비로소 좁은 조선의 운수납자(雲水衲子)에서 은
하(銀河)의 상락객(常樂客)이 된 것이다. 이후 그는 전국을 떠돌
며 미망 속을 헤매는 대중들을 일갈하고, 오늘날까지도 인구
에 회자되는 숱한 일화를 남긴다. 때로는 과장되게, 때로는 배
꼽이 터질 정도로 우리를 웃게 만드는 그 일화들이 실은 바로

그의 실체다.

그로 하여 아직도 그에 관한 공과의 논란이 있는 것은, 뒤집어보면 우리 범부들의 눈으로는 그의 깊이와 높이가 측량하기 힘든 경지에 있음이다. 그에게 있어 문서는 무용(無用)이고 허위요 거짓이다. 하여 모든 서전과 불경 또한 그에게는 티끌이요 먼지다. 그는 오직 몸으로 말을 한 사내다. 큰물은 결코 작은 시내를 탓하지 않는다. 큰 산은 결코 누구도 마다하지 않는다. 태산대하(泰山大河), 경허 또한 훗날의 어떤 폄하폄설(貶下貶說)도 마다하지 않을 것이다.

24가지 선화(禪話)

1

경허가 천장사에 있을 때의 일이다.

어느 여름 밤 제자 만공이 큰방에 볼 일이 있어 경허가 누워 계시는 앞으로 불을 들고 지나가다 얼결에 보니 경허의 배위에 길고 시커먼 뱀 한 마리가 걸쳐 있었다. 만공은 깜짝 놀랐다.

"스님, 이게 무엇입니까?"

"가만 두어라. 내 배 위에서 실컷 놀다 가게."

경허는 놀라지도 쫓지도 않고 그대로 태연히 누워 있을 뿐이었다. 얼마 후 그의 법문이 있었다.

"동요하지 말라. 그게 공부니라."

2

엄동설한의 한 겨울을 토굴에서 혼자 정진하며 지내기로 한 경허는 낡고 헐어 벽에 틈이 벌어지고 문창이 뒤틀린 암자를 수리하기 시작했다. 그런데 불장(佛藏)에 보관되어 있던 경전을 모조리 뜯어 풀을 바른 후 문이나 벽, 방바닥, 천장까지 남김없이 발랐다. 암자로 찾아간 제자들이 이 광경을 보고 깜짝 놀라 물었다.

"스님, 성스러운 경전으로 이렇게 벽과 바닥을 발라 도배하고 장판을 해도 됩니까?"

경허는 태연히 대답했다.

"자네들도 이러한 경계에 이르면 이렇게 해보게나."

토굴로 찾아간 제자들은 그에게 삼배를 올리고 물러났다.

3

그는 사람들이 찾아와 불법(佛法)의 도리를 물으면 종일 그대로 앉아 일체 말이 없다가 누구든지 곡차를 갖다 바치면 그 곡차를 다 마신 후에는 종일 법문을 하였다. 만공이 그 손님들이 다 가고난 후 불평하였다.

"스님께서는 만인 앞에 평등하셔야 할 도인이신데 어째서 그렇게 편벽하십니까?"

그러나 그는 한 마디로 잘라 말했다.

"이 사람아, 법문이라는 것은 술김에나 할 것이지, 맑은 정신으로는 할 게 못돼."

4

어느 날 형님인 태허 스님이 갈산 김 씨네 49재가 있어 장을 푸짐하게 보아 부처님 앞에 정성껏 진열해 놓았다. 당시만 해도 백성들이 초근목피로 연명하던 때라 동네에 큰 제사나 잔치가 있다고 하면 떡과 과일을 얻어먹으려고 인근 마을 사람들이 구름처럼 모여드는 게 당연한 일이었다. 그런데 경허가 나타나 구경꾼들에게 음식을 모두 나눠줘 버렸다. 재를 지낼 탁자에는 아무 것도 없었다. 태허 스님이 노발대발했다.

"재나 다 지낸 뒤에 주지, 어째서 재 지낼 것을 다 갖다 주느냐?"

경허가 빙긋 웃었다.

"제사는 바로 이렇게 지내는 게 제대로 지내는 것입니다. 영가께서 극락왕생하려면 좋은 일, 착한 일을 많이 베풀어야 하는 법이거늘 여기 모인 이 배고픈 사람들에게 떡과 과일을 보시하는 것이야말로 가장 좋은 일 아니겠습니까? 오늘의 이 공덕으로 영가께서는 반드시 극락왕생하실 것이오."

태허 스님은 할 수 없이 급히 사람을 보내어 새로 재를 지낼 상을 봐 오게 하고 재주에게 사과했다. 그러나 재주는 환하게 웃더니 재를 올릴 비용을 새로 내놓으며 말했다.

"우리 부친의 재는 참으로 잘 지냈습니다."

5

경허가 대중을 모아 법문을 연 뒤 시자에게 말했다.

"우리 어머님을 모셔오도록 하라."

시자는 그 뜻을 연만한 어머니께 전하며 큰스님으로 존경받는 아드님의 법회에 가시길 권하였다. 어머니는 희색이 만면하여 대중이 모여 있는 큰방에 들어가 향을 피웠다. 그리고 정성을 다해 경의를 표하고 자리에 앉았다.

"우리 경허가 나를 위해 법문을 설한다 하니 이렇게 기쁠 수가 없구나."

그때 경허가 갑자기 옷을 벗기 시작했다. 모두들 놀라지 않을 수 없었다. 그중에서도 가장 놀란 사람은 어머니였다. 그러나 정작 경허는 조용히 말했다.

"어머니, 저를 보십시오."

완전히 벌거벗은 알몸. 어머니는 대노했다.

"대체 무슨 법문이 이럴 수 있단 말이냐? 별 발칙한 짓을 다하는구나!"

어머니는 자기 방으로 들어가 좀처럼 나오려 하지 않았다. 경허는 쓸쓸하게 웃었다.

"저래 가지고 어찌 남의 어머니 노릇을 한단 말인가? 내가 아주 어려서는 이 몸을 벌거벗겨 씻기며 안고 빨고 하시더니 지금은 왜 그렇게 못하실까? 세상 풍속 참으로 한심한 일이로군."

6

"만공아, 단청불사를 해야겠다. 시주 받으러 가자."

"예, 스님."

이렇게 스승과 제자가 마을 집을 방문하면서 얼마의 시주금을 받게 되었다. 그런데 웬걸, 시주금을 챙긴 경허가 터덜터덜 주막으로 향했다. 그리고는 술을 거나하게 마셨다. 만공이 불평 가득한 눈으로 말했다.

"스님, 참 이해가 되지 않습니다."

"뭐가 말이냐?"

"스님은 시줏돈을 받아 술을 드셨으니 지옥에 떨어지실 겁니다."

"그게 무슨 말이냐? 내가 무슨 거짓말이라도 했단 말이냐?"

"그러고 말고요. 단청하라고 시주를 한 것은 법당에 칠을 하라고 준 것이지, 스님이 술 드시라고 준 것은 아니란 말입니다. 어떻게 그렇게 뻔뻔할 수 있습니까?"

"녀석 참 뭘 모르네. 내 얼굴을 봐라, 이놈아."

"술 취한 모습이 참 가관입니다요."

"어허 녀석, 단청불사를 볼 줄 모르네. 붉은 내 얼굴이 얼마나 보기 좋으냐, 이놈아!"

"그럼 스님 술 드시려고 시주를 받았단 말입니까?"

"그랬다 이놈아! 목이 마르고 컬컬해 한잔 생각이 났지. 그런데 부처님이 영험하시니 이렇게 목도 축이고 기분 좋게 길을 갈 수 있지 않느냐? 그 부처님 참 영험하시기도 하지. 흐흐!"

"그렇게 말씀하시면 남들은 궤변을 늘어놓는다고 말합니다요."

"그렇겠냐?"

"그렇고말고요."

"그렇다면 내가 왜 궤변을 늘어놓았는지 지적을 해봐라."

"첫째로 스님의 몸과 법당은 다르단 말입니다."

"왜 달라?"

"스님은 인간이지만 법당은 부처님이 계신 곳이잖아요."

"아따 고놈, 눈도 참 나쁘네."

"뭐가 말입니까?"

"이놈아, 내 속에 부처가 있다고 그렇게 말했는데 아직도 모른단 말이냐? 잘 들거라. 이 몸은 법당이요, 이 마음은 부처이니라. 법당의 부처는 죽어 있는 돌덩어리고, 법당은 돌덩어리를 지키는 집이라고 하느니라. 나는 내 법당에 단청을 하려 했는데 너는 죽은 부처의 법당에 단청을 하지 않는다고 하니 참 안타까운 일이니라."

"스님 말씀을 듣고 보면 그럴싸하기는 합니다만, 그래도 뭔가 잘못된 것 같습니다."

"그러니까 뭐가 잘못되었는지 말을 해보라 하지 않느냐."

"부처님은 술을 먹지 말라 하셨는데 스님은 술을 드셨으니 이것이 또 문제란 말입니다."

"보통의 화상들은 술을 먹으면 본성이 취해 함께 흔들리지만 내가 그렇게 술을 많이 마셔도 어디 한번 비틀거리는 것을 본 적 있느냐?"

"그런 적은 없습니다만 ……."

"이놈아, 술을 먹었다 계를 범했다 하고 맨날 고시랑거려 봐야 아무 소용이 없어. 부처가 기특하다고 수기(授記)를 줄 것도 아니고, 네 스스로 그 속박에 매일 뿐이란 말이다. 오로지 스스로 깨달음을 얻어 자유롭게 살아가는 것만 못하다는 이야기지. 너 마음 쓰는 것을 보니 큰 중은 되겠지만 큰 자유인은 되기 어려울 상 싶다. 노력 많이 하거라."

7

경허가 만공을 데리고 주막에 들러 탁배기를 마시고는 기분이 좋아져 주모와 수다를 떨었다. 그 장면을 지켜보고 있던 만공의 심사가 또 뒤틀리기 시작했다. 그렇지만 감히 하늘같은 스승님께 대들 수는 없었다. 다시 절로 돌아오는 길. 경허가 만공의 마음을 모를 리 없었다.

"너 어째 상판이 영 일그러져 있냐? 뭐 속상한 일이라도 있느냐?"

"그야 스님 때문이지, 왜 그렇겠습니까?"

"내가 왜? 너보고 마음이 나쁘라고 하기라도 했단 말이냐?"

"아까 주막에서 그게 뭡니까? 체통 좀 지키셨으면 좋겠습니다."

"체통이라니 내가 뭘 잘못했단 말이냐?"

"주모의 가슴도 보시고 음담패설도 하고 그러셨잖아요? 그게 다 음계와 구업을 짓는 것이라는 정도는 충분히 아실 텐데요. 스님이 그렇게 하신다는 것은 결국 위선이 아닌가 싶어 지금 스님의 곁을 떠나야 하나 말아야 하나를 고민하고 있는 겁니다."

"엉? 아하, 네 놈이 내가 혼자 노니까 열이 났던 모양이구나. 허허허!"

"그게 아니지요. 얼렁뚱땅 넘기려고 하시는군요. 비겁합니다. 그러시면 ……."

"아, 이놈아, 음계는 네가 범하고 있구나!"

"무슨 억지 말씀입니까요?"

"야, 이놈아, 난 그 주막을 떠나면서 그 여인을 이미 잊어버렸는데 너는 아직도 그 여인을 생각하고 있으니 말이다. 부처님이 그렇게 가르치더냐? 바보 같은 놈!"

"그게 무슨 말씀이십니까?"

"이놈아, 세상 삼라만상은 그 마음에 흔적이 없이 수용하고 있는데, 너는 어째서 이미 흔적도 없는 허상에 대해 집착을 하느냔 말이다. 내가 그 여인과 농담을 주고받은 것도 흔들림이 없는 마음에서 한 일이고, 지금 이렇게 길을 가는 것도 흔들림이 없는 마음으로 행하는 것인데 너는 늘 흔들리는 마음으로 여자를 건드리면 안 된다느니 술을 먹으면 안 된다느니 하는 분별을 하고 있으니 결국 그 분별지에 떨어지고 말 것이다."

"……"

8

어느 해질녘이었다.

경허가 역시 만공과 함께 탁발을 나갔다 돌아오는 길이었다. 그날도 탁발 성적이 매우 좋아 그들의 쌀자루에는 쌀이 가득했다. 그러나 흐뭇한 마음과 달리 짐은 몹시 무거웠고 갈 길은 아직도 까마득했다. 바랑끈은 어깨를 짓눌러 왔고, 만공은 걸음이 빠른 경허 스님의 뒤를 따라갈 수 없었다. 만공이 먼저 지쳐 경허에게 통사정을 했다.

"스님, 걸망이 무거워 더 걸어가기 힘듭니다. 잠시만 쉬었다 가시지요."

경허가 만공에게 말했다.

"두 가지 중 한 가지를 버려라."

"두 가지 중 한 가지를 버리라니요?"

"무겁다는 생각을 버리든지 아니면 걸망을 버리든지 하란 말이다."

"에이 참 스님도 ……. 하루 종일 고생해서 탁발한 곡식을 어찌 버리란 말씀이십니까? 아, 그리고 무거운 건 무거운 건데 그 생각을 어찌 버립니까요?"

경허는 휘적휘적 앞서가기 시작했다. 만공은 다시 허겁지

겹 숨을 헐떡이며 뒤따라갔다.

"스님, 정말 숨이 차서 그렇습니다. 잠시만 쉬었다 가시지요."

"저 마을 앞까지만 가면 힘들지 않게 해줄 것이니 어서 따라오너라."

이윽고 마을이 나타났다. 한 모퉁이를 돌아서니 마침 사립문이 열리면서 젊은 아낙네가 머리에 물동이를 이고 나왔다. 갓 스무 살을 넘겼을까 한 아주 예쁜 새댁이었다. 앞서 가던 경허가 여인과 마주쳤다. 그러자 경허가 느닷없이 달려들어 여인의 양 귀를 잡고 번개같이 입술에 입을 맞추었다.

"에그머니나!"

여인은 놀라 물동이를 떨어뜨리고 집으로 뛰어 들어갔다. 당연히 집안에서 소동이 일어났다. 소동은 곧 마을에 퍼지고, 급기야 온 마을 사람들이 뛰어나왔다. 그들의 손에는 굵은 몽둥이와 곡괭이 자루가 들려 있었다.

"저 놈 잡아라!"

"아니, 어디서 요망한 중놈이 나타나 가지고!"

경허가 먼저 뛰기 시작했다. 쌀을 지고 뒤따르던 만공 또한 함께 뛰지 않을 수 없었다. 만공은 온 힘을 다해 필사적으로 앞서 뛰어가는 경허를 따랐다. 몽둥이를 들고 뒤쫓던 사람들도 달아나는 두 사람을 끝까지 쫓지는 못했다. 이윽고 두 사람은 발걸음을 멈추고 쉬게 되었다. 마을을 벗어나 절이 보이는 산길에 접어든 경허는 천천히 만공에게 말했다.

"허허, 너도 용케 붙잡히지 않고 예까지 왔구나."

"스님, 속인도 해서는 안 될 짓을 왜 하셨습니까요?"

"그래, 그건 그대 말이 맞다. 헌데 도망칠 적에도 걸망이 무겁더냐?"

"예?"

"그 쌀자루가 무겁더란 말이냐?"

경허는 석양이 비낀 먼 마을을 바라보며 껄껄 웃었다.

9

청양(靑陽) 장곡사(長谷寺).

경허가 곡차를 잘 마신다는 소문을 듣고 인근 마을 사람들이 곡차와 파전을 비롯한 안주 여러 가지를 정성껏 마련해 가지고 왔다. 마을 선비들과 술자리가 무르익은 뒤 옆에 앉아 있던 만공이 경허의 법문을 듣고자 넌지시 물었다.

"스님, 저는 혹 술이 있으면 들기도 하고 없으면 안 듭니다. 이런 파전도 굳이 먹으려 하지 않고, 생기면 굳이 안 먹으려 하지도 않습니다. 그런데 스님께서는 ……?"

경허가 대뜸 말을 받았다.

"허어, 자네는 벌써 그런 무애(無碍) 경계에 이르렀는가? 나는 그렇지 못해 술이 먹고 싶으면 제일 좋은 밀씨를 구해 밀을 갈아 김을 매고, 가꾸어 밀을 벤 뒤 누룩을 만들어 술을 빚고 걸러 이렇게 먹을 테야. 또 파전이 먹고 싶으면 파씨를 구해 밭을 일구어 파를 심고 거름을 주며 알뜰히 잘 가꾸어 이처럼 파전을 부쳐 가지고 꼭 먹어야 하겠네."

만공은 더 이상 할 말이 없었다.

10

행자 관섭(寬燮)은 경허의 다른 법문은 다 좋지만 그의 무애
행(無碍行)만은 도무지 마땅치 않았다. 아니, 마땅치 않은 정도
가 아니라 너무 부끄러웠다.

그러던 어느 날, 마침 안주를 사오라고 경허가 돈을 주자
관섭은 안주를 사고 난 나머지 돈으로 몰래 비상을 샀다. 수
도는커녕 술만 마시는 경허의 행각을 아주 끝내야겠다는 생
각을 한 것이다. 관섭은 비상을 잘게 빻아 구운 안주에 골고
루 뿌려 넣었다. 그리고 술과 안주를 경허에게 천연스레 갖다
바쳤다. 그러나 아직 어린 행자. 그는 더럭 겁이 나서 뒷문 문
구멍으로 숨을 죽이며 경허의 다음 동정을 가만히 지켜보았
다. 가슴이 뛰었다. 그런데 경허는 곡차를 한 번 쭉 따라 마시
고 안주를 집어먹기 시작하더니 뭔가 버석 씹히는 것이 있자,
그 씹히는 것만 차례로 골라 털어버리고 먹기를 계속했다. 그
리고는 벌렁 드러누우며 말했다.

"아, 참 잘 먹었다!"

11

시냇가에서 아리따운 처녀가 물을 건너지 못해 어쩔 줄 몰
라 발을 동동 구르고 있었다. 마침 길을 가던 경허와 제자가

그곳을 지나가게 되었다. 처녀는 부끄러움을 참으며 젊은 제자에게 도움을 구했다. 그러자 제자는 처녀에게 정색을 하며 화를 냈다.

"우리 불가에서는 여자를 가까이 하면 파계라 하여 내쫓김을 당하는데 어찌 젊은 처자가 그런 요구를 하십니까?"

난처해진 처녀는 경허에게 다시 도움을 청했다. 그러자 경허는 선뜻 등을 내밀었다. 경허는 처녀를 등에 업고 건너편에 내려준 뒤 계속해서 갈 길을 갔다. 그러나 뒤따라가는 제자의 마음에는 갈수록 온갖 의심이 생겨나기 시작했다.

"혹시 땡중이 아닐까?"

제자는 스승에게 따지고 싶었지만 이를 꾹 참고 십리 길을 더 갔다. 마침내 제자는 더 이상 참지 못하고 물었다.

"스님, 어찌 그럴 수 있단 말입니까? 수도하는 스님이 어떻게 젊은 여자를 업을 수 있습니까?"

경허가 웃으며 말했다.

"예끼 이놈! 네놈은 아직도 그 처자를 업고 있느냐?"

12

경허가 머물던 천장사는 가난했다. 모두 초근목피로 연명하던 시절이었으니 작은 암자인 천장사의 살림도 말이 아니었다. 그래서 경허 또한 자주 탁발을 나가야 했다. 어느 날 경허가 커다란 솟을대문 앞에서 탁발을 하려고 목탁을 치며 염불을 하고 있을 때였다. 마침 주인이 거들먹거리며 밖으로 나왔다.

"우리 집 대문 앞에 와서 목탁을 치는 것을 보니 곡식이라도 좀 얻어가자는 것 같은데, 그대는 과연 중이란 말인가 거렁뱅이란 말인가?"

경허는 합장하여 예를 갖춘 후 나직이 대답했다.

"질에서 살며 수행하고 있으니 중이 분명하옵고, 오늘은 양식을 탁발하러 왔으니 거렁뱅이 또한 분명한가 합니다."

13

경허가 만공과 함께 먼 길을 나섰다. 어느덧 한낮이 가까워오고 있었다. 길은 첩첩 산중이고 마을은 눈에 띄지 않는데 시장기가 돌기 시작했다. 굽이진 산길을 돌아 어느 산마루턱에 당도하였을 때, 저 쪽에서 사람들의 웅성거리는 소리가 들렸다. 그곳에 오색 깃발 같은 것이 늘어져 있었다. 상여 행렬이 고개 마루턱에서 쉬는 중이었다. 경허는 만공을 데리고 장례 행렬 앞으로 다가갔다. 그는 상여 앞에서 합장을 한 다음 음식을 청했다.

"시장해서 음식을 좀 청합니다."

"행상(行喪)길이니 술밖에 더 있나요?"

한 상여꾼이 장난스럽게 대꾸하자 경허는 태연히 말했다.

"술이 있으면 술을, 고기가 있으면 고기를 주시지요."

사람들이 모두 눈을 크게 떴다.

"아따 참, 원 별 중들 다 보겠네."

사람들이 빈정거렸다. 점잖은 한 상여꾼이 말했다.

"아니 대사(大師)가 어찌 술을 달라 하시오? 곡차라 하지도 않고."

경허는 그를 보며 대답했다.

"시장한데 한 잔 하면 되지, 굳이 다른 말할 게 뭐 있겠소."

사람들은 어이가 없었지만 술 한 대접을 듬뿍 떠 내놓았다. 막걸리였다. 경허는 술잔을 받지 않고 손을 내저었다.

"잔이 너무 작습니다. 차라리 바가지나 동이째 주시오."

경허에게 흥미를 느낀 한 상여꾼이 웃으며 말했다.

"어디 동이째 내줘 봐."

이윽고 다른 상여꾼이 술이 가득 담긴 동이를 들어 경허 앞에 내놓았다. 경허는 그것을 단숨에 비워냈다. 처음부터 끝까지 보고 있던 상주의 마음이 움직였다. 틀림없이 도가 높은 대사라는 생각이 들었다. 그는 상장(喪杖)을 짚고 경허에게 가서 공손히 물었다.

"무애행을 하시는 도가 높은 스님들 같사온데 스님들의 자비로움으로 망인이신 우리 아버님의 명당(明堂)을 하나 잡아 주실 수 없는지요?"

경허는 느닷없이 소리를 질렀다.

"명당은 해서 뭐에 써? 죽으면 다 썩은 고깃덩어리가 될 뿐 아무 것도 아닌 것을!"

극진한 대접을 했는데 갑자기 표변한 걸승(乞僧)의 행동에 상주들이 분노했다.

"아니, 어디서 굴러먹던 중놈들이!"

상주들은 대막대기(喪杖)를 들어 당장에 후려칠 기세였다.

"네 이놈들!"

경허의 우렁찬 소리가 좌중을 압도했다. 경허와 만공은 모두 6척이 넘는 건장한 체구였다. 순식간에 일어난 이 뜻밖의 사태를 상여꾼들은 그저 멍청히 지켜보고만 있었다. 그때 맏상주가 흥분한 아우들을 헤치고 다시 앞으로 나섰다.

"스님 말씀이 지당합니다. 사람이 죽으면 까막까치나 구더기의 밥이 되는 것이지요. 저희들이 미흡해 알아 뵙지 못했습니다. 그러나 자손 된 도리를 다하지 못해서요."

맏상주는 행상길을 재촉해 떠날 차비를 했다. 잠자코 있던 경허가 중얼거렸다.

"모든 것은 다 허망할 뿐이니 죽고 사는 것은 원래 그러하므로 만약 모든 것이 참으로 허망한 줄 알면 그대들도 참모습을 볼 수 있을 것일세."

14

경허의 법을 신봉한 직지사 제산(霽山) 스님은 청정한 지계행과 높은 덕행을 겸비해 제방의 존경을 한 몸에 받았다. 제산 스님은 경허가 합천 해인사 조실로 있을 때 시봉을 도맡다시피 했다. 당시 400~500명의 대중이 상주하는 대사찰에서 경허의 뜻을 받들기란 보통 어려운 일이 아니었다. 그 이유는 경허를 위해 대중 모르게 곡차를 마련하고 안주감이 될 만한 것을 만들어야 했기 때문이었다. 제산 스님은 입소문을 막기 위해 다른 사람을 시키지 않고 깊은 밤이면 몰래 절 밖으로 나가 안주를 만들어 경허에게 올렸다.

하지만 꼬리가 길면 잡히게 마련. 제산 스님의 행각은 대중 사이에 알려지고 말았다. 산중은 변고가 난 것처럼 야단이었다. 납자 몇몇이 모이기만 하면 모두들 경허와 제산 스님을 성토하기 바빴다. 당시 주지 남전 스님이 이 소문을 듣고 제산 스님을 찾아 소문의 진위를 물었다. 제산 스님은 태연했다.

"제가 경허 스님을 위해 한 일입니다."

남전 스님으로서는 제산 스님을 만나기 전 낭설이겠거니 하며 물었는데 제산 스님의 당당한 소리에 어이가 없었다. 남전 스님은 더 이상 말을 잇지 못하고 얼굴을 붉히며 밖으로 나갔다. 남전 스님은 믿기지 않았다. 평소 법력이 높아 추앙받는 선지식 경허, 또 학덕과 율행을 겸비한 것으로 알려진 제산 스님이었던 것이다. 남전 스님은 며칠을 두고 고민을 거듭했다. 스님의 고민은 경허의 법력에 대한 의구심에까지 이르렀다.

그래서 남전 스님은 경허의 법문을 찬찬히 들었다. 그런데 들으면 들을수록 깊은 감명이 우러났다. 걸림이 없었던 것이다. 남전 스님은 곧바로 선방에 들어가 가부좌를 틀고 용맹정진을 시작했다. 신심이 발한 남전 스님은 큰 깨달음을 얻었다. 남전 스님이 하루는 대중공양을 하는데 발우를 펴며 제산 스님에게 격외 법담을 걸었다.

"스님, 이 발우가 안 보입니다."

스님의 높은 경지에 모든 좌중은 크게 놀랐다. 그 후 남전 스님 역시 제산 스님 이상으로 경허에 대한 소문들을 진정시키는 데 앞장섰다.

해인사에서는 어느 날 만공·제산·남전·스님이 함께 자리해 경허의 법 따르기를 견주는 기회가 있었다. 제산 스님이 말했다.

"누가 뭐라 해도 경허 스님께 계속 곡차와 닭고기를 바치리다."

남전 스님이 말을 받았다.

"경허 스님과 같은 어른을 위해서라면 닭이 아니라 소를 잡아 올려도 거리낄 게 없소."

그러자 만공이 말했다.

"나는 전쟁이 나 깊은 산중에 모시고 살다 양식이 떨어져 공양 올릴 것이 없게 된다면 나의 살점을 오려서라도 스님의 생명을 구하겠소."

15

경허가 마정령(馬亭領)이란 고개를 넘을 때였다. 산에서 나뭇짐을 지고 내려오던 초동들이 스님을 보고 웃었다.

"저 중 봐라, 이상하다."

그때 경허의 행색은 머리는 깎았으되 수염은 길렀으며 맨발에 한 손에는 담뱃대를 잡고, 다른 손에는 떡과 과자가 든

자루를 둘러메고 있었다. 아이들의 웃음에 스님이 물었다.

"애들아, 나를 알겠느냐?"

아이들이 말했다.

"저희들은 스님을 알지 못합니다."

"그러면 나를 보느냐?"

"예, 지금 스님을 보고 있습니다."

"이놈들아, 나를 알지 못한다 하면서 나를 어찌 본다 하느냐?"

경허는 차고 있던 주장자(拄杖子)를 내어주며 일렀다.

"애들아, 누구든지 이 막대기로 나를 한번 때려봐라. 만약 너희들이 나를 제대로 때리기만 한다면 수고한 대가로 이 자루에 든 과자와 돈을 모두 주마."

그 가운데 한 영리한 아이가 앞으로 나왔다.

"스님, 그게 정말입니까?"

아이는 경허가 내주는 주장자를 받아 쥐고 힘껏 경허를 후려쳤다. 하지만 경허는 계속 아이들을 보고 말했다.

"때려봐라, 때려봐라!"

아이들은 무더기로 달려들었다. 그런데도 경허는 껄껄 웃었다.

"너희들은 나를 때리지 못했느니라. 만약 때렸다면 부처도 때리고 조사도 때리고, 또 세세 제불과 역대 조사 내지 천하 노화상을 한 방망이로 때려 갈길 것이니라."

아이들이 항의했다.

"스님을 아무리 때려도 때리지 못했다고 하니 과자와 금전을 준다고 하는 것은 모두 거짓 아닙니까?"

경허는 여전히 웃으며 말했다.

"여기 있다. 다 가져가거라."

경허는 어째서 아이들에게 매 맞는 것을 자초한 것일까? 그리고 분명히 맞았는데 어째서 맞지 않았다는 말을 되풀이해 계속해서 매질을 유도한 것일까? 경허는 아이들에게 흠씬 두들겨 맞고 싶었던 것이다. 못난 이 씨 왕조, 그 속에서 만신창이가 된 백성들. 아이들 앞에서 속죄하고 싶었을 것이다. 그 질곡 속에서 그들을 구할 길이 없었던 것이다. 특히 이 땅의 주인공이 되어야 할 아이들에게 제일 미안하기에 저들로부터 몰매 맞는 것을 자초한 것이다. 경허는 아이들에게 돈과 과자를 내주고 고개를 넘어가며 한 곡조 노래를 읊었다.

온 세상 혼탁하나 나 홀로 깨었어라.

우거진 수풀 아래 남은 해를 보내리.

16

경허가 만공과 여러 날 멀리 여행을 하고 있었다. 그런데 그만 여비가 떨어지고 말았다. 날이 저물어 여관에 행장을 푼 다음날, 여관 주인이 경허·만공 스님에게 숙박비와 식대를 내라 했다. 그러자 경허가 말했다.

"우리가 법당을 중수하려고 화주(化主)를 나왔습니다. 주인께서도 시주를 하시지요?"

여관 주인이 잠자코 있다가 답했다.

"그러면 그 화주책을 한 번 봅시다."

만공이 곰곰이 생각해보니 경허에게는 화주책이 없었다. 화주책도 없는데 시주하라고 말을 꺼냈으니 큰일이었다. 만공이 말했다.

"실은 이 주인댁에 우리가 화주를 하려고 왔으나 지난 밤 너무 극진한 대접을 받아 고맙기 이를 데 없습니다. 그러니 이 댁에서는 시주를 하지 않으셔도 괜찮습니다."

화주책을 내놓지 않고 둘러대는 만공의 말에 얼떨떨해진 여관 주인은 대꾸를 하지 못했다. 이때 만공이 덧붙인 한마디가 더 가관이었다.

"그렇게까지 괘념하시어 우리에게 고맙게 시주까지 해주신다면 책을 꺼내 보여드리지요."

만공은 당황했다. 그렇지만 어쩔 수 없는 노릇. 만공은 걸망 속에 손을 쑥 집어넣었다. 정작 있지도 않은 화주책을 꺼낼 기세였다. 그러자 여관 주인이 책 꺼내는 것을 만류하며 말했다.

"알았습니다. 알았어요. 스님들. 제가 시주를 특별히 할 수는 없고, 어젯밤 두 분의 숙식비는 받지 않을 테니 그냥 가시지요."

주인으로서는 자칫 잘못하다 여관비를 받기는커녕 법당 중수 화주까지 하게 생겼다는 생각에 책 꺼내는 것을 극구 만류

할 수밖에 없던 것이다. 여관에서 나오자 경허가 만공에게 말했다.

"자네 수단이 나보다 훨씬 낫네 그려."

17

만공이 경허와 만행하며 겪은 고비는 한두 가지가 아니었다. 그 고비마다 만공은 기지를 발휘했다. 만공이 경허와 함께 전주 인근을 지날 때였다. 어느 식당에서 점심 공양을 마친 두 사람은 구한말 시대에 쓰던 은백전을 내주었다. 그러자 식당 주인이 고개를 내저었다.

"이 돈은 전라도 도지사가 사용치 말라는 명령을 내려 받을 수 없으니 여기서 쓰는 돈을 주시오."

당시는 일제가 새 화폐 사용을 강요하던 시기였다. 식당 주인의 말이 끝나기 무섭게 경허가 큰 눈을 부릅뜨고 일갈했다.

"그 도지사란 놈은 당장 잡아 목을 벨 놈이로구나. 우리나라에서 내놓는 돈을 우리나라 사람이 사용 못하다니 그런 죽일 놈이 있단 말이냐? 이 돈을 썩 받아라!"

스님의 호통에 주인은 얼떨결에 돈을 받을 수밖에 없었다. 마침 식당 주변에는 일제 관원이 나와 있었다. 관원이 이 광경을 보고 개입하려 했지만 서슬 퍼런 경허의 야단에 아무 말도 못한 채 머뭇거리고 있었다. 경허는 이 틈을 타 식당을 나와 뛰기 시작했다. 만공은 태연한 척 마을 사람들에게 잘 이야기 하고는 부리나케 경허를 쫓아 식당을 빠져 나왔다. 얼마를 갔을까? 산모퉁이를 돌고 나니 경허가 쉬고 있었다.

"내가 어지간하지. 그 바람에 길을 많이 걸어왔다. 어떠냐? 내 재주가?"

18

경허와 만공이 어느 산중 깊은 길을 가다 갑자기 비를 만났다. 두 사람은 큰 바위 동굴에 몸을 피했다. 조용한 가운데 경허가 단단한 바위로 된 동굴 천장을 자꾸 올려다보았다. 만공이 의아해서 물었다.

"스님, 왜 그렇게 천장을 올려다보십니까?"

경허가 조용히 말했다.

"이 바위가 내려앉을까 염려되어 그러네."

만공이 다시 물었다.

"스님, 이 끄떡없는 바위가 내려앉을 리 있겠습니까?"

경허가 조용히 말했다.

"이 사람아, 가장 안전한 곳이 가장 위험한 곳이네."

19

경허가 서산 개심사(開心寺) 조실로 있을 때였다. 당시 개심사 주지 동은(東隱) 스님은 세간에 부자 스님으로 소문나 있었다. 해마다 들어온 쌀을 조용히 모아 사찰 이름으로 논을 샀기 때문이었다. 경허는 시자인 사미승 경환을 시켜 동은 스님이 모아놓은 쌀을 모두 가져오라 지시했다. 소문일 뿐 확인되지 않은 쌀을 가져오라는 지시에 경환은 어리둥절했다.

"스님, 그게 무슨 말씀이십니까?"

경환의 질문에 경허는 그저 다시 동은 스님의 방에서 쌀을 가져오라 지시할 뿐이었다. 경환은 머리를 조아리며 말했다.

"남의 물건을 몰래 가져오는 것은 정직하지 못한 짓인데 어찌 그런 일을 스님께서 지시하십니까?"

경허가 일갈했다.

"이놈아, 너무 정직하기만 하면 못쓰는 것이니라. 정직한 체, 청정한 체 하는 것은 자기를 속이고 남을 속이는 무서운 도구가 되느니라. 알겠느냐?"

경허는 경환에게 다시 주지의 방에 둔 쌀을 훔쳐올 것을 지시했다. 경환은 할 수 없이 쌀을 가지러 가기 위해 동은 스님의 방으로 갔다. 스님의 방에는 큰 자물쇠가 채워져 있었다. 또 주지 스님이 좀처럼 자리를 비우지 않아 쌀이 있는 곳으로 의심되는 곳 근처조차 갈 수 없었다. 한 나절 동안 주지실 앞에서 어슬렁거리던 경환은 주지 스님에게 모든 것을 실토하고 말았다.

"주지 스님, 실은 조실 스님께서 ……."

이야기를 전해들은 동은 스님은 그럴 줄 알았다는 듯 크게 웃었다. 동은 스님은 예상보다 훨씬 많은 쌀을 내어주며 경환에게 말했다.

"조실 스님의 장난은 이제 이런 짓까지 서슴지 않으시니 참 알 수 없는 일이구나. 허허!"

경환은 묵직한 쌀자루를 지고와 경허에게 올렸다. 그러자 경허가 다시 말했다.

"그 쌀을 가지고 아랫마을에 내려가 막걸리를 사오너라!"

20

경허가 오대산 월정사를 지나게 되었다. 당시 월정사 방장으로 있던 인명(寅明) 스님이 경허에게 『화엄경』 설법을 청했다. 하여 경허가 3개월 동안 『화엄경』 법회를 진행하게 되었다. 1000여 명에 달하는 승속이 청법하는 자리에서 경허는 의연히 법좌에 올라 말했다.

"〈대방광불화엄경〉이라."

경허는 먼저 대(大) 자에 대해 설법했다.

"대들보도 대요, 댓돌도 대요, 대가사도 대요, 세숫대도 대요, 담뱃대도 대니라."

이어 방(方) 자에 대해 설했다.

"근방도 방이요, 지대방도 방이요, 동서남북 사방도 방이니라."

이어 그는 광(廣) 자로 법문을 이어나갔다.

"쌀광도 광이요, 찬광도 광이요, 연장광도 광이요, 광장도 광이니라."

다음은 불(佛) 자.

"등잔불도 불이요, 모닥불도 불이요, 촛불도 불이요, 화롯불도 불이요, 번갯불도 불이요, 이불도 불이며, 횃불도 불이니라."

다음은 화(華) 자.

"매화도 화요, 국화도 화요, 탱화도 화요, 화병도 화요, 화살도 화요, 화엄경도 화니라."

다음은 엄(嚴) 자.

"엄마도 엄이요, 엄살도 엄이요, 엄정함도 엄이요, 화엄도 엄이니라."

마지막 경(經) 자에 대해서도 마찬가지였다.

"면경도 경이요, 구경도 경이요, 풍경도 경이요, 인경도 경이요, 안경도 경이니라."

대중은 놀라지 않을 수 없었다. 그 자유로움, 그 담대함. 대중은 모두 머리를 숙였다.

21

지리산 깊은 골짜기에 마천(馬川)이라는 마을이 있다. 마천 마을이 자리한 심산유곡(深山幽谷)은 실상사(實相寺)·백장암(百丈庵)·벽송사(碧松寺)·상무주(上無住) 등으로 갈 수 있는 길목이지만 너무 높고 험해 찾는 길손조차 없었다. 어느 해 초여름 무렵이었다. 모진 흉년 끝에 마천 마을 주민들은 보릿고개를 넘다 못해 굶주려 아사할 직전에 이르게 되었다. 당시는 일제 강점기, 어느 누구도 두메산골의 가파른 민생고를 해결 할 수 없었다.

이때 경허가 우연히 그곳을 지나게 되었다. 그는 지리산 마천 마을의 참상을 보고는 가던 길을 멈추었다. 한동안 생각에 젖어 있던 그는 가던 길을 돌려 남원 쪽으로 향했다. 그는 단숨에 100리 가까운 길을 걸어 남원 땅에서 탁발을 하기 시작했다. 얼마의 시간이 지나고 그는 가까스로 바랑 가득 곡식을 모을 수 있었다. 그는 그 짐을 짊어지고 걸음을 재촉해 100리 길을 다시 걸어 마천 마을로 돌아왔다. 그는 집집마다 손수 돌며 굶주린 주민들에게 식량을 나눠주었다. 여러 차례 걸쳐 그는 100리를 걸어 탁발을 하고 또 100리를 걸어 곡식을 나눠주었다. 그는 죽어가던 두메 사람들을 이처럼 살려놓은 뒤 홀연 자취를 감추었다.

22

때는 일제강점기로 일본 경찰들이 치안을 담당하던 시기였다. 비로관(毘盧冠)을 크게 만들어 머리에 쓰고 검은 장삼을 걸친 한 스님이 거리를 누비고 있었다. 구척장신의 스님은 맨발에 한 손에는 담뱃대를 들고, 다른 한 손에는 고기를 주장자에 매달아 어깨에 메고 있었다. 경허였다. 마침 거리를 순찰하던 일본 헌병 보조원 두 명이 그를 산적으로 알고 체포했다. 그러자 그가 입을 열었다.

"이놈들아, 끌고 가려면 너희들이 나를 메고 가거라."

경허는 땅바닥에 주저앉아 버렸다. 두 헌병 보조원은 하는 수 없이 긴 장대를 갖고 와 경허의 양다리와 양팔을 밧줄로 꽁꽁 묶어 헌병대로 데려갔다. 두 사람이 땀을 뻘뻘 흘리며 헌병 분견대로 향하는데 경허가 웃었다.

"흥, 경허가 그래도 어지간한가 보구나!"

헌병 보조원들은 화가 머리끝까지 치밀어 올랐다.

"여보, 대사! 그 무슨 소리요?"

경허는 다시 한바탕 웃으며 말했다.

"나를 너희들이 이렇게 메고 가야지, 내 발로 걸어갈 수야 있겠느냐. 이놈들아!"

더욱 화가 난 헌병 보조원들은 경허를 내려놓고 손발에 동여맨 밧줄을 풀었다.

"그럼 걸어갑시다."

헌병 보조원들은 경허에게 발길을 재촉했다. 헌병 분견대에서 일본 헌병대장이 직접 경허를 취조했다. 독립군의 수뇌나 산적 두목으로 본 것이다. 취조에서 아무 표정 없이 묵비권을 행사하던 경허가 갑자기 지필묵을 청했다. 헌병대장이 이상하게 생각하고 지필묵을 갖다 주게 했다. 경허는 헌병들에게 두루마리 양쪽을 붙들게 하고 붓에 먹물을 찍어 '제행무상(諸行無常) 시생멸법(是生滅法)'의 휘호를 써 갈겼다. 그의 글 쓰는 자세를 보던 헌병대장은 깜짝 놀라 자세를 정중히 했다. 헌병대장은 그 깊은 뜻을 알 수 없었지만 경허가 큰 도인임을 짐작했다. 헌병대장이 큰 절을 하며 경허에게 말했다.

"스님, 죽을죄를 지었습니다. 알아 모시겠습니다."

경허는 강계 땅에서도 박진사로 행세하던 중 일본 경찰에 끌려간 적이 있었다. 공주 경찰서에서 그를 취조한 야마모토 경찰서장에게 경허 스님은 붓과 종이를 청해 일필휘지의 글을 남겼다.

"그 뜻을 얻었다면 거리의 한담도 다 진리의 가르침이요, 말하는 주인을 알지 못하면 용궁에 간직된 보배로운 경전도 한낱 잠꼬대일 뿐."

야마모토 서장은 경허가 쓴 글의 깊은 뜻을 알아보고 그를 자기 집 내실로 모신 뒤 자기 부인에게 일렀다.

"이 어른의 시봉을 잘 해드리고 어떤 행동을 하시든 언제나 원하시는 대로 모시도록 하시오."

야마모토 서장은 집안 하인들에게도 행여나 경허의 뜻을 거스르지 않도록 극진히 봉대토록 했다. 며칠 융숭한 대우를 받던 경허는 서장 집에 보관된 금고를 털어 시장에서 술을 사먹었다. 뿐만 아니라 배고픈 걸인과 주민들에게 돈을 나누어 주었다. 야마모토 서장은 일체 참견하지 않고 그가 하는 대로 하게 했다. 하지만 경허는 며칠 뒤 아무 말 없이 그 집을 나섰다. 야마모토 서장이 극히 애석해 했음은 불문가지이다.

23

혜월(慧月)이 정혜사(定慧寺)에서 공양주를 할 때였다. 혜월은 역력고명 무형단자(歷歷孤明 無形丹子) 화두에 깊게 들었다. 하루는 의심이 매우 솟아 뒷방에 들어가 문을 걸어 잠그고 일주일을 앉아 무아지경에 들었다. 일주일 뒤 혜월이 홀연히 문을 열고 나와 은사 스님에게 화두를 깨달은 경계를 말했다.

하지만 은사 스님은 고개를 저었다.

"무슨 소린지 모르겠다. 나로서는 네 공부를 판단해 줄 능력이 없다. 그러니 개심사 경허 스님을 찾아가 네가 공부한 경지를 지도받도록 하여라."

혜월은 그 길로 개심사에 찾아가 경허가 있는 선방 앞에 이르렀다. 혜월은 다짜고짜 소리를 질렀다.

"스님!"

그리고 말했다.

"관음보살이 북으로 향한 뜻이 무슨 뜻이오리까?"

경허는 눈도 뜨지 않고 답했다.

"그것 말고 또?"

혜월은 아무 말 없이 주먹 하나를 높이 들고 서 있었다. 마침내 경허가 말했다.

"앉으라!"

그리고 경허는 불조(佛祖)의 밀전 밀맥(密傳 密脈)을 지도하기 시작했다. 경허와 혜월의 첫 만남이었다.

24

경허가 시봉인 사미 영주 스님을 데리고 충남 공주 계룡면 양화리에 위치한 연천봉 등운암(騰雲庵)에 다녀올 때였다. 연천봉은 계룡산의 한 봉우리로 동학사에서 10리 가량 떨어져 있었다. 등운암에서 양화리 방향으로 10리를 더 내려가면 신원사(新元寺)에 이르렀다. 그들은 등운암에서 신원사로 향하고 있었다. 먼 길을 가야 하기에 영주 스님의 걸망은 퍽 두둑했다. 그런데 아래쪽에서 젊은 사람들이 떼를 지어 올라오고 있었다. 그중에는 동학사에서 심부름과 잡일을 하던 양화 김도령이라는 이도 있었다. 영주 스님은 김도령을 알아보고 먼저 말을 건넸다.

"아니, 양화 김도령 아닌가?"

김도령은 그저 영주 스님이 멘 두둑한 걸망을 훑어볼 뿐이었다. 김도령은 경허를 보고 말했다.

"이 사람과 긴밀히 할 얘기가 좀 있구먼요. 잠깐이면 되니 스님은 먼저 내려가시지요. 이 사람도 곧 따라갈 겁니다."

경허는 영주 스님이 김도령 일행과 잘 아는 사이로 알고 혼자 천천히 산길을 내려왔다. 그러나 한참을 내려와도 영주 스님의 기척이 없어 경허는 다시 영주 스님과 헤어진 곳까지 산을 올랐다. 하지만 영주 스님과 김도령, 한 무리의 젊은 사람들은 그 자리에 없었다. 젊은 사람들은 산적이었다. 산적들은 경허가 하산하자마자 영주 스님의 걸망을 가로챈 것이다.

"있는 돈 모두 내놓아!"

"가진 거라고는 그것밖에 없소이다."

"돈을 내놓지 않으면 죽는다!"

돈이 없는 영주 스님은 강도 일당에게 두 손 모아 빌 수밖에 없었다.

"김도령! 필요한 돈은 다음번에 만들어 드릴 테니 어서 큰스님을 따라가게 해주오?"

하지만 그들은 막무가내였다. 그들은 빼앗은 걸망을 풀어 헤쳤다. 그러나 그 속에는 노잣돈 몇 푼과 헌 옷가지, 책 몇 권 밖에는 없었다. 산적들은 푼돈을 거두고 영주 스님의 몸까지 샅샅이 수색했지만 돈이 나올 리 만무했다. 산적 무리는 영주스님을 후미진 곳으로 끌고 가 살해했다. 입을 막기 위해서였다. 그리고 시체를 숲 속 나뭇가지에 매달고는 자취를 감췄다. 한참 만에 다시 올라온 경허는 그 현장을 미처 찾아내지 못하고 하산할 수밖에 없었다.

동학사까지 혼자 넘어 온 경허는 이상한 생각에 갑사(甲寺)에 사람을 시켜 영주 스님이 갑사로 가지 않았는지 물었다. 갑사에서 연락을 받고 영주 스님을 찾았지만 스님의 흔적은 어디에도 없었다. 그러던 어느 날 한 나무꾼이 깊은 숲속에서 나무에 매달린 사람의 시체를 발견했다. 영주 스님의 시체였다. 경찰의 현장조사 결과 시체 주변에 있던 바랑과 소지품은 모두 경허의 것이었다. 경찰은 경허를 의심했다. 이런 사실도 모르고 경허는 해인사 학명 스님을 만나러 경상도 지역으로 향했다. 얼마 되지 않아 죽은 시봉 영주 스님에 대한 소문이 해인사까지 전해졌다. 그러나 경허는 단 한마디의 변명도 없었다. 당시 경찰 수사는 원시적인 수준이었다. 진범을 찾을 수 없는 까닭에 경찰과 주변 사람들은 모두 그를 의심했다. 경허에 대한 수군거림은 그치지 않았다. 주위가 시끄러워지자 경허는 해인사 퇴설당 선방에 내려가 있었다.

만공이 있던 서산 개심사 선방의 입승은 궁금해 미칠 지경이었다. '괴팍한 경허 스님께서 정말로 영주를 죽인 걸까? 어쩌다 죽였을까? 스님이 왜 시봉하던 스님을 죽인단 말인가?' 궁금증을 이기지 못한 승려는 그 길로 해인사를 찾아 경허를 만났다. 하지만 경허를 보는 순간 아무 말도 할 수 없었다. '생로병사 자체가 마음에 없는 저 어른이 어찌 영주를 죽였겠는가?' 다시 돌아와 만공을 만나 인사드리자 만공이 물었다.

"그래, 스승님께서는 잘 계시더냐?"

"큰스님께 소문을 직접 묻고 싶었는데 부처님께 '아난존자를 죽였습니까? 수보리를 죽였습니까?'라고 묻는 것과 같아 차마 입을 떼지 못하고 왔습니다."

만공이 빙긋 웃으며 스승께 문안인사도 드릴 겸 해인사로 내려갔다. 퇴설당 선방에서 경허를 만난 만공이 살짝 여쭈었다.

"영주 사미의 생사는 어떻게 된 겁니까?"

경허가 제자 만공의 손을 꼭 잡으며 말했다.

"너하고 나하고만 알자. 영주는 내가 죽였다. 아무에게도 말하지 마라."

만공의 경지에도 경허의 말은 뜻밖이었다. 만공은 잠을 이룰 수 없었다. 그러나 상당한 시일이 지나 공주 경찰서에서 산적 무리를 검거했고 경허의 결백은 밝혀졌다. 경허가 열반의 길을 찾아 함경도 갑산으로 떠나고 만공이 수덕사를 지킬 무렵 산적에 의해 살해됐음이 밝혀진 것이다. 만공은 스승 경허를 조금이나마 의심했던 것을 후회하고 자책하며 사흘 밤

낮을 울었다. 경허가 사건에 대해 일체 말이 없었던 까닭, 그
것은 어리석고 못나 지은 중생의 죄를 대신해 흔쾌히 형무소
에 가겠다고 작정했기 때문이었다.

누가 너이고 누가 나인가

경허가 만년 10년 가까이나 떠돌며 보내던 열반지(涅槃地)는 북녘땅 끝 함경도 삼수·갑산·강계 지방 일대였다. 회갑 노년기의 경허가 강계 땅을 지나던 때는 1905년 무렵이었다. 강계군 종남면 한전동의 시골 선비 김탁은 경허보다 세 살 아래인 54세였다. 지방 유지였던 김탁은 마침 고향 마을에서 10여 리 떨어진 들판을 걷고 있었다. 그런데 어쩐 일인지 대여섯 명의 청년들이 속인이라 보기도 어렵고, 그렇다고 해서 스님이라 보기도 어려운 한 초로의 늙은이를 에워싸고 발길질을 해대고 있었다.

"이런 놈의 영감은 죽여도 그만이야! 나쁜 영감태기 같으니라고!"

청년들의 살기가 등등했다. 이유인즉 매를 맞고 있는 사내가 아낙네를 희롱했다는 것이었다. 김탁은 청년들의 무지막지한 폭행부터 뜯어말렸다. 김탁 덕분에 경허는 청년들로부터 그나마 심각한 봉변을 덜 수 있었다. 그때였다. 경허가 일갈했다.

"미친놈이, 할 일이 없으면 그대로 길이나 갈 것이지, 괘씸하구나! 네 이놈, 이 고얀 놈 같으니라고! 너는 남의 일을 제대로 알지도 못하고 어찌 샀 싸움이나 하며 쓸데없는 참견을 하려 드는고?"

고맙다는 인사는커녕 욕설 섞인 호령부터 하는 경허를 보자 김탁은 어처구니가 없었다. 김탁은 안으로부터 치밀어 오르는 화를 달래며 경허의 얼굴과 행색을 다시 눈여겨보았다. 범상치 않았다. 뭔가 달랐다.

"이거 어른을 몰라 뵈어 죄송합니다. 시간이 있으시다면 저희 집 누처로 가시겠습니까?"

그제야 화가 누그러진 경허는 김탁의 뒤를 따랐다. 길을 걸으며 경허는 김탁과 법담을 나눴다. 집에 돌아와서도 밤새는 줄 모르고 그날 밤을 밝혔다. 경허의 일거일동에 취한 김탁은 경허를 깍듯이 받들어 모셨다.

모두 꿈속의 일이로다

반도의 최북단 유배의 땅. 그곳에서 경허는 유생 박난주(朴蘭洲)로 살았다. 머리를 기른 것은 일제의 단발령에 대한 단호

한 저항이었고, 유생이 된 것은 서당을 열어 장차 나라의 주역이 될 아이들을 가르치는 데 뜻을 두었기 때문이었다. 그는 까막눈으로는 무명을 벗어날 수 없고, 글을 배우지 않으면 영원히 일본과 못난 조선의 위정자들로부터 벗어나지 못한다는 사실을 알고 있던 것이다. 산문에서 도인을 배출하는 것보다 더 시급하고 절실한 것이 까막눈에서 중생들을 해방시키는 일이라 판단한 것이다. 그는 그런 식으로 중생들을 교화 제도시키는 한편 선비들과 나라의 장래를 걱정하고, 술과 시로 세상시름을 잊으며 말년을 보냈다. 그에게는 고향이니 타향이니 하는 구분은 물론, 구태여 차안(此岸)이다 피안(彼岸)이다 하는 구분도 없다. 다음은 이때 그가 쓴 시다.

病酒伊來將忘國
訪仙是處更爲邦
淸簞淡蔬堪足慰
欲忘京洛舊心腔

병들고 술 취해 나라 걱정 잊나 했더니
신선 찾던 이곳 또한 나라일세.
조촐한 도시락과 담박한 나물로 위안을 삼으며
서울(京城)을 잊고자 하는 옛 마음 그대로일세.

그가 행방불명이 되자 맏상자인 수월이 평안도 묘향산의

한 암자에 머물며 스승의 행방을 애타게 수소문하고 다녔다. 경허가 삼수갑산에 들어 박혔다는 것을 알아낸 수월은 수백 리 길을 단숨에 달려갔다가 서당 섬돌 위에 가지런히 놓인 짚신을 보자 왈칵 눈물이 솟구쳤다. 분명 스승 경허의 짚신이었다. 그러나 경허는 방 안에서 문고리를 걸어 닫고 말했다.

"나는 스님이 찾는 사람이 아니오."

방문은 끝내 열리지 않았다. 경허는 제자 수월임을 알고도 모르는 사람이라며 돌려보낸 것이다. 그 스승의 그 제자. 수월은 스승의 깊은 뜻을 알아차리고, 스승을 위해 짚신 한 켤레를 정성들여 삼아 놓은 뒤 멀리서 삼배를 올리고 발길을 돌렸다. 훗날 수월도 스승처럼 만주로 흘러들어가 나라를 잃고 떠도는 조선 민초들에게 짚신 보시를 하다 바람처럼 사라졌다.

경허는 1912년 4월 병든 몸을 이끌고 민족의 성산인 백두산을 등정하고 돌아온다. 조국이 일제에 강제 합병된 것을 한탄하며 백두산에 올라 망국의 한을 달래고 돌아온 바로 그 달 하순, 갑산의 웅이방 도화동이라는 춥고 외로운 땅에서 다시 바람이 되었다. 다시 구름이 되었다. 그가 임종 직전 일원상(一圓相)을 그린 다음, 그 위에 써놓은 열반게(涅槃偈)다.

心月孤圓
光呑萬像
光境俱忘
復是何物

마음 달 홀로 둥글어
그 빛 만상을 삼켰어라.
빛과 경계 다 공한데
다시 이 무슨 물건인고.

훗날 중국으로 망명해 조국의 독립을 위해 몸 바친 김탁이 법구를 수습해 유교식으로 장례를 모셨다. 그의 부음 소식이 충청도 정혜사에 있던 만공에게 전해진 것은 일 년 이상의 세월이 흐른 뒤였다. 만공은 사형 혜월과 함께 달려가 다비식을 거행한 다음 분골된 재는 경허가 술과 시로 외로움을 달래며 떠돌던 갑산의 강과 산 그리고 봄이 오지 않는 빼앗긴 들녘에 뿌렸다. 다음은 그의 오도가 중 한 구절이다.

誰是孰非
夢中之事
北邙山下
誰爾誰我

누가 옳고 그른가
모두 꿈속의 일이로다
북망산 아래
누가 너이고 누가 나인가

그는 미친 여자와 잠자리를 하면서 뜨거운 자비를 나누었고, 문둥병에 걸린 여자와 침식을 할 만큼 미추(美醜)를 초월해 있었다. 갯마을 처녀를 사랑하고 정을 나눈 후 짐승처럼 뭇매를 맞고 실신한 후 삼일 만에 깨어나서는 "파도 소리가 높고 바람이 거칠더라"고 말하는 여유를 보였다. 또 스스로 오물 속에 빠져 삼악도(三惡道)의 고통을 체험했을 뿐 아니라 때로는 지옥의 삶을 살기도 하였고, 축생과 아귀의 세계로 자기를 몰락시키는 천재적 재능을 갖고 있었다. 그리고 운수적(雲水的) 고독을 참지 못해 초동들을 불러 돈을 주면서 자기를 때리도록 했고, 물동이를 이고 가는 처녀에게 입맞춤을 하는가 하면 자신의 배 위에서 뱀들이 똬리를 틀게 하였다.

참선곡(參禪曲)과 참시(參詩) 2수

참선곡

홀연히 생각하니 도시몽중(都是夢中)이로다.
천만고 영웅호걸 북망산(北邙山) 무덤이요.
부귀문장 쓸데없다. 황천객(黃泉客)을 면할소냐?
오호라, 나의 몸이 풀끝의 이슬이요 바람 속의 등불이라.
삼계대사(三界大師) 부처님이 정녕히 이르사대
마음 깨쳐 성불하여 생사윤회(生死輪回) 영단(永斷)하고
불생불멸(不生不滅) 저 국토에

상락아정(常樂我淨) 무위도(無爲道)를

사람마다 다 할 줄로 팔만장교(八萬藏敎) 유전이라.

사람 되어 못 닦으면 다시 공부 어려우니

나도 어서 닦아보세.

닦는 길을 말하려면 허다히 많건마는

대강 추려 적어보세

앉고 서고 보고 듣고 착의긱반(着衣喫飯)

대인접화(對人接話) 일체처 일체시에 소소영영(昭昭靈靈)

지각(知覺)하는 이것이 무엇인고? 몸뚱이는 송장이요.

망상번뇌 본공(本空)하고 천진면목(天眞面目) 나의 부처

보고 듣고 앉고 서고, 잠도 자고 일도 하고

눈 한번 깜짝할 제 천리만리 다녀오고

허다한 신통묘용(神通妙用)

분명한 나의 마음 어떻게 생겼는고?

의심하고 의심하되 고양이가 쥐 잡듯이 주린 사람

밥 찾듯이 목마른데 물 찾듯이 육칠십 늙은 과부

외자식을 잃은 후에 자식생각 간절하듯 생각 생각

잊지 말고 깊이 궁구 하여가되 일념만년(一念萬年)

되게 하여 폐침망찬(廢寢忘饌) 할 지경에

대오(大悟)하기 가깝도다.

홀연히 깨달으면 본래 생긴 나의 부처

천진면목(天眞面目) 절묘(絶妙)하다.

아미타불 이 아니며 석가여래 이 아닌가?

젊도 않고 늙도 않고 크도 않고 적도 않고 본래 생긴

자기영광(自己靈光) 개천개지(蓋天蓋地)

이러하고 열반진락(涅槃眞樂) 가이 없다.

지옥천당 본공(本空)하고 생사윤회(生死輪回) 본래 없다.

선지식(善知識)을 찾아가서 요연(了然)히 인가(印可)맞아

다시 의심 없앤 후에 세상만사 망각(忘却)하고

수연방광(隨緣放曠) 지내가되 빈 배 같이 떠놀면서

유연중생(有緣衆生) 제도하면 보불은덕(報佛恩德) 이 아닌

가?

일체계행 지켜 가면 천상인간 복수(福壽)하고

대원력을 발하여서 항수불학(恒隨佛學) 생각하고,

동체대비(同體大悲) 마음먹어

빈병걸인(貧病乞人) 괄시(恝視)말고

오온색신(五蘊色身) 생각하되 거품같이 관(觀)을 하고

바깥으로 역순경계(逆順境界) 부동(不動)한 이 마음을

태산(泰山)처럼 써 나가세.

허튼 소리 우시게로 이날저날 다 보내고

늙을 줄을 망각하니 무슨 공부 하여볼까?

죽을 때 고통 중에 후회한들 무엇하리.

사지백절(四肢百節) 오려내고 머릿골을 쪼개는 듯

오장육부(五臟六腑) 타는 중에 앞길이 캄캄하니

한심참혹(寒心慘酷) 내 노릇이 이럴 줄을 뉘가 알꼬.

저 지옥과 저 축생(畜生)에 나의 신세(身勢) 참혹하다.

백천만겁(百千萬劫) 차타(蹉跎)하여 다시 인신 망연(茫然)
하다.

참선 잘한 저 도인은 서서 죽고 앉아 죽고 앓도 않고

선세하며 오래 살고 곧 죽기를 마음대로 자재하며

항하사수(恒河沙數) 신통묘용(神通妙用) 임의쾌락(任意快
樂) 소요(逍遙)하니

아무쪼록 이 세상에 눈코를 쥐어뜯고 부지런히 하여보세.

오늘 내일 가는 것이 죽을 날에 당도(當到)하니 포주 간에
가는 소가 자욱자욱 사지로세.

예전 사람 참선(參禪)할 제 마디 그늘 아꼈거늘

나는 어이 방일(放逸)하며

예전 사람 참선할 제 잠 오는 것 성화하여 송곳으로 찔렀거늘

나는 어이 방일하며

예전 사람 참선할 제 하루해가 가게 되면 다리 뻗고 울었거늘

나는 어이 방일한고.

무명업식(無明業識) 독한 술에 혼혼불각(昏昏不覺) 지내가
니 오호(嗚呼)라 슬프도다.

타일러도 아니 듣고 꾸짖어도 조심(操心) 않고 심상(尋常)히
지내가니

혼미(昏迷)한 이 마음을 어이하여 인도(引導)할꼬.

쓸데없는 탐심진심(貪心嗔心) 공연(空然)히 일으키고

쓸데없는 허다분별(許多分別) 날마다 분요(紛擾)하니

우습도다. 나의 지혜 누구를 한탄할고?

지각없는 저 나비가 불빛을 탐하여서 제 죽을 줄 모르도다.

내 마음을 못 닦으면 여간계행(如干戒行) 소분복덕(小分福德) 도무지 허사(虛事)로세.

오호라 한심하다.

이 글을 자세(仔細) 보아 하루도 열두 때며 밤으로도

조금 자고 부지런히 공부하소.

할 말을 다하려면 해묵서이부진(海墨書而不盡)이라.

이만 적고 끝내 오니 부디 부디 깊이 아소.

다시 할 말 있사오니 돌장승이 아이 나면 그때에 말하리라.

참시

1

世與靑山何者是

春城無處不開花

傍人若問惺牛事

石女心中劫外歌

속세나 청산이 어찌 다름이 있으리오.

봄이 온 성 안에 꽃 안 피는 곳 있겠는가.

누군가 성우(惺牛: 깨달은 소)의 일을 묻는다면

돌계집 마음속 바깥노래로 어수선하다 하리라.

2

盡日尋春不見春
芒鞋遍踏壟頭雲
歸來偶過梅花下
春在枝頭已十分

종일토록 봄을 찾아도 찾지 못하고
짚신이 다 닳도록 구름 덮인 언덕 헤매다가
하릴없이 돌아오다 매화 밑 지나는데
봄은 이미 매화가지에 가득하더라.

그의 제자들

향기 나는 제자들

경허의 제자들 또한 경허와 필적한다. 그들은 수월(水月)과 혜월(慧月), 그리고 만공(滿空)과 한암(漢岩)이다. 이들 모두 한국 불교사의 거장임은 두말할 나위가 없다. 그들은 모두 자기 나름대로의 향기(香氣)가 있다. 선기(禪氣)가 있다.

수월과 혜월은 남긴 문장은 없다고 하나 그 끝없는 선화(禪話)와 가화(佳話)로 이 나라 제일의 구도자로 후세의 첨앙(瞻仰) 대상이 되어 왔다. 만공과 한암 또한 문장과 덕행을 아울러 남긴 이 나라 제일의 수행자들이었다. 경허는 살아생전 다음과 같은 말을 남겼다.

정진력은 수월을 능가할 자가 없고

지혜는 혜월을 당할 자가 없으며

만공은 복이 많아 대중을 많이 거느릴 테고

한암은 모든 이들의 존경을 받을 것이다.

수월(水月)

경허의 수법제자 맏이가 수월이다. 수월에 대해서는 알려진 바가 거의 없으나 좌선화두를 타파해 견성한 것이 아니라 천수주(千手呪)를 통해 불망염지(不忘念智)를 얻었다. 즉 수월은 천수경을 외는 독경을 통해 깨달음을 얻었다는 것이다.

수월은 밤낮으로 항상 천수경을 외웠는데 스승 경허로부터 짚신 삼기를 배워 짚신을 삼거나 땔감을 하면서도 한시도 천수경을 외지 않은 적이 없었다. 오대산 월정사 상원암에서 주석하고 있을 때는 대중들이 조실로 모시려 하였으나 사양하고, 항상 땔감을 하고 장작을 패고 잡초를 뽑는 부목의 역할을 벗어나지 않았다.

수월은 오대산을 떠나 북간도로 갔는데 처음에는 승복을 벗고 백두산 근처 농가에서 머슴 노릇을 했다. 나중에는 '화엄사'라는 작은 암자를 고갯마루에 짓고 혼자 지내면서 아침에 일어나면 예불을 마치고 짚신을 수십 켤레 삼아 집 앞 처마에 매달아 놓았다. 또 수십 명이 먹을 밥을 지어 부엌에 두었는데 오가는 사람이 있으면 불러다 자기가 삼은 짚신을 신겨주고 부엌으로 데려가 밥을 먹였다. 조실부모하고 어려서부터 남의 집 머슴살이를 하며 자랐다는 그의 성품은 단순하고 맑았으며 모든 살아있는 것들을 자기 몸처럼 여겨 모기나 빈대 같은 벌레라도 함부로 괴롭히거나 죽이지 않았다.

수월이 동진출가(童眞出家)했다는 설도 있으나 발심하여 불문에 귀의할 생각을 한 것은 여러 정황으로 볼 때 서른이 다 되었을 무렵이다. 그리고 그가 출가 본사로 천장암을 택한 것은 단지 그 절에서 멀리 떨어져 있지 않은 곳에 살고 있었다는 지리적 접근성 때문이었을 것이다. 그는 그렇게 천장암에서 늦깎이로 행자생활을 시작했다. 나무를 해오는 것은 물론 밥까지 지어야 하는 행자생활은 머슴살이보다 나을 것이 없는 고단한 것이었지만, 그는 일체 불평을 하지 않고 묵묵히 주어진 일을 해나갔다.

당시 천장암의 주지는 경허의 친형인 태허 성원(性圓) 스님이었다. 따라서 수월에게 처음으로 머리를 깎아 준 은사는 태허 스님이다. 나중에 경허가 이곳에서 보임을 하게 되었고, 그것이 수월이 경허의 법통을 잇게 되는 인연의 고리로 작용한 것이다. 수월의 뒤를 이어 훗날 천진도인(天眞道人)으로 이름을 날리는 혜월이 찾아와 밭일을 하며 수심결(修心訣)을 공부하기 시작했다.

수월, 혜월과 더불어 '경허 선사의 세 달(三月)'로 꼽히는 만공은 14세 소년의 몸으로 세 달 중 가장 늦게 천장암 식구가 되었다. 이 무렵 수월은 천수경을 좋아해 자나 깨나 앉으나 서나 천수경을 외웠다. 천수경의 원이름은 『천수천안관자재보살광대원만무애대비심대다라니계청』이라는 긴 이름인데, 뜻은 '천 개의 손과 천 개의 눈을 가진 관세음보살님의 자비와 공덕은 광대무변하고 원만 구족하여 걸림이 없고 자유자재한 큰 힘으로 일체 중생의 고뇌를 건져주시는 다라니'다. 여기서 천수(千手)는 자비의 관대함을, 천안(千眼)은 지혜의 원만 자재함을 나타내며 천 개의 눈으로 모든 중생들의 고통을 보고 그 손으로 구제한다는 염원을 상징하고 있는 것이다. '다라니'는 산스크리트어로 된 경전을 말하며 이 긴 이름을 줄인 것이 천수경이다.

1887년 겨울 어느 날, 수월이 절 아래 있는 물레방앗간에 내려가 방아를 찧고 있었다. 그날도 수월은 천수다라니를 지극 정성으로 외우며 일을 했다. 밤늦게 절로 돌아오던 태허 스님이 물레방앗간 앞을 지나다 돌확 속에 머리를 박고 아기처럼 잠들어 있는 수월을 발견하게 되었다. 급히 수월을 밀치자 그 직후 공이는 다시 쿵 소리를 내며 방아를 찧기 시작했다. 이때 수월의 여법한 수행력을 목격한 태허 스님은 바로 다음날 법명과 사미계를 내리는 수계식을 거행한 다음 경허를 법사로 정해주었다.

이후 수월은 스승 경허의 가르침을 받으며 종일 일하면서 죽기 살기로 천수대비주를 외웠다. 그는 자고 일어나면 나무를 하러 산에 올랐고, 밥과 빨래를 하며 온갖 허드렛일을 도맡아 했다. 그리고도 틈이 생기면 짚신을 삼아 남의 발에 신겨 주었다. 그는 기꺼이 낮게 몸을 낮추었다. 나무를 하든 빨래를 하든 짚신을 삼든 그의 입에서는 천수경을 외는 소리가 끊이지 않았다. 만공은 훗날 수월을 이렇게 회상했다.

"수월 형님은 절에 손님이 오면 발 감싸게인 감발을 벗겨 손수 빨아 불에 말렸다가는 아침에 신도록 하고, 밤새 몸소 만든 짚신 서너 켤레를 바랑 뒤에 걸어주었다. 그런 형님만 생각하면 난 늘 가슴이 뛴다."

일구월심(日久月深), 오매에도 불망하여 외고 다니는 천수경은 그에게 있어 바로 화두요 공안이었던 것이다. 수월은 1887년 겨울 어느 날 골방으로 들어가 먹는 것, 잠자는 것도 잊은 채 천수경을 외우는 정진을 감행했다. 이레째 되는 밤, 사하촌 사람들이 절 마당으로 몰려들었다. 절에서 불기둥이 솟아 밤하늘을 환하게 밝히자 화재가 발생한 것으로 알고 불을 끄러 달려 온 것이었다. 절에 도착해 수월의 방에서 불빛이 새어나오는 것을 목격한 마을 사람들은 놀라움을 금치 못했다. 방광(放光)을 한 그는 세 가지 특별한 힘을 얻었다. 한번 보거나 들은 것은 결코 잊지 않는 불망염지(不忘念智)와 잠이 없어진 것 그리고 병을 고칠 수 있는 힘이 그것이었다.

천수경을 외움으로써 그는 천수관음으로부터 손 하나와 지혜의 눈 하나를 얻는 불은을 입은 것이다. 이때 경허가 그가 자나 깨나 큰 소리로 천수경을 외워 마침내 부처를 이룬 것을 기뻐하여 천수경에 나오는 수월관음의 이름을 따 '수월'이란 법호를 내려준다. 밝은 달이 바다 위를 환하게 비추었을 때 한 연꽃이 바다 위에 떠 있고, 그 연꽃 위에 나타나는 관음보살의 32가지 모습 중 하나가 수월관음인 것이다.

수월이 스승 경허의 주위를 맴돈 기간은 대략 2년이며 이때 갑산에서 멀지 않은 회령군 팔을면 백천사, 경원군 만월산 월명사, 명천군 칠보산 개심사 등에서 보낸 것으로 되어 있다. 스승을 먼저 보낸 후 간도로 간 수월은 백두산 기슭에 있는 도문시 회막동에서 일반인의 모습으로 살았는데, 3년 동안 머슴살이를 하던 시절의 실력을 발휘해 소먹이 일꾼 노릇을 했다. 그 일을 해서 받은 품삯으로 밤을 새워 짚신을 삼고, 짬짬이 틈을 내어 큰 솥에 밥을 지어 주먹밥을 만들었다. 그런 다음 일제의 탄압을 견디다 못해 고향을 떠나 간도로 건너오는 동포들을 위해 길가 바위 위에 주먹밥을 쌓아놓고 나뭇가지에 짚신을 매달아 놓고는 하였다. 자신의 얼굴과 이름을 알리지 않는 무주상보시를 베풀며 묵묵히 보살행을 실천한 것이다. 훗날 명선 스님의 증언이다.

"나라 잃고 고향을 잃은 백성들이 쫓기고 쫓겨간 곳이 간도였어요. 고갯마루에서 상처입고 지친 그들을 기다렸다가 밥 한 술을 먹이고 짚신을 주워 보내는 식으로 생의 마지막 수년을 보내신 것입니다."

생전에 한 번도 대우를 받으려하기는커녕 오직 남의 손발처럼 머슴으로 살았던 수월은 자신의 손길이 필요한 곳에서 이런 식으로 조용히 헌신한 것이다. 다시 수월은 1915년 회막동을 떠나 만주와 러시아 국경 지대에 있는 흑룡강성의 수분하(綏芬河)로 들어갔다.

그는 관음사(觀音寺)라는 작은 절에서 신분을 감춘 채 한 젊은 스님에게 온갖 욕설과 행패를 당하면서도 6년간 보임을 했다. 그러다 1921년 봄, 수월은 왕청현 나자구(羅在溝)에 들어가 화엄사(華嚴寺)라는 작은 절에서 머무르고 있었다. 그는 이곳에서도 누더기를 걸치고 날이 밝으면 종일 들이나 산에 나가 늘 말없이 일했고, 탁발을 자주 다녔으며 생식을 했고 잠을 자지 않았으며 산짐승이나 날짐승과 어울려 놀거나 때때로 호랑이를 데리고 다녔다고 한다. 그리고 여전히 아픈 사람들을 고쳐주었고, 산이나 들에서 일하는 사람들에게 손수 밥을 지어 날라 주었다. 이때 조계종 초대 종정을 지낸 효봉과 초대 총무원장을 역임한 청담 등이 스승을 찾아와 한철을 지내면서 그의 말없는 가르침을 배워갔다.

당시 간도엔 마적이 들끓어 집집마다 송아지만한 만주개를 길러 집과 마을을 지켰다. 그 개들은 모르는 사람이 밤에 나타나면 다짜고짜 물어뜯을 만큼 사나웠지만 수월에게만은 꼬리를 흔들며 엎드리곤 하였다. 도무지 믿기지 않는 전설적인 이야기가 아닐 수 없다. 그러나 그 주인공이 수월이기에 설령 전설과 동화일지라도 아름답다.

수월정사 법당에 모셔진 수월 선사의 진영

1928년 하안거를 마친 그는 다음날인 음력 7월 16일, 절 뒤편 송림산에 올라 흐르는 개울물에 깨끗이 몸을 씻고, 잘 접어 갠 바지저고리와 새로 삼은 짚신 한 켤레를 가지런히 놓은 다음 맨몸으로 단정히 결가부좌를 하고 앉아 세상을 떠났다. 세수 74세, 법랍 45세였다. 그가 원적에 든 후 7일 동안 밤마다 송림산에 불기둥이 치솟는 대방광이 일어났고, 산짐승과 날짐승이 떼를 지어 울었다고 한다. 간도로 건너가 말년을 보낸 수월은 남북이 분단되고 오랫동안 중국과 국교마저 단절돼 있었기 때문에 전설이 되어 잊혔지만, 그렇다고 그의 숨결이 자취도 없이 완전하게 사라진 것은 아니었다.

수월은 온전한 수덕 문중 사람이다. 1989년 문중의 최고어른인 원담 스님과 상좌인 설정 스님이 수월의 흔적을 찾아중국으로 들어갔다가 수월이 살던 옛 간도에서 80~90살 든노인들이 수월을 '자기는 없고 중생만을 위했던 자비의 화현보살'로 기억하고 있는 것을 목도했다. 원담 스님도 이제는고인이 되었고 그의 뒤를 이어 설정 스님이 수덕 문중을 관장하는 방장의 자리에 올랐다. 설정 스님에 따르면 당시만 해도일광산과 송림산에서 수월을 친견했던 노인들이 있어서 많은 증언을 채록할 수 있었다고 한다. 그 가운데 흑룡강성 왕청현 태평촌에 방 씨 성을 가진 노인이 살고 있었다. 방 씨의 증언을 설정 스님이 전한다.

"수월 스님은 매일 아침 공양 뒤 산에서 내려와 탁발을 하거나 들판에서 이삭이나 무시래기 등을 주워 짊어지고 올라가셨답니다. 송림산은 겨울이면 눈이 많이 쌓여 먹이를 구하지 못한 산짐승들이 굶어 죽는 일이 많은 곳이지요. 수월 스님은 겨울이 오기 전 쌓아둔 이삭과 무시래기를 새와 산짐승들에게 나눠주시어 아사를 면할 수 있도록 해주신 것입니다. 수월 스님은 블라디보스토크까지 300리 산길을 단숨에 다녀왔기 때문에 사람들이 축지법을 쓴다고 생각했다는 거에요. 스님이 아픈 사람들에게 손을 대기만 하면 병이 나았기 때문에 그 고을에선 의사가 필요 없다는 말도 들었어요."

방 씨가 12살 소년이었을 때 수월은 소년의 부모에게 찾아와 "이대로 있으면 호랑이 밥이 되니 내 곁에 두라"고 말해 단칸 흙집에서 일주일을 머무르게 되었다. 그렇게 해서 수월 선사와 특별한 인연을 맺게 된 방 씨 노인은 훗날 눈물을 흘리며 증언했다.

"그때 보니 수월 스님은 일절 눕지 않았고, 아예 잠도 자지 않았습니다. 5일째 되는 날 오줌이 마려운데도 나가지 못하게

하던 수월이 밖을 향해 '이놈아, 이제 그만 가거라!'라고 말해
밖을 내다보니 눈에 불을 켠 호랑이가 있었지요."

방 씨 노인은 수월이 열반에 들자 마을 사람들이 다비하고
는 다음날 현장을 살피기 위해 올라갔다. 그런데 놀랍게도 수
북이 쌓인 하얀 가을 서리 위로 남쪽을 향해 걸어간 발자국이
선명하게 나 있었다고 한다.

 **은사인 진성대종사 원담 스님을 모시고 현지를 다녀온 설정 스
 님 외에도 김진태 전 청주지검장이 젊은 시절 지리산의 한 절에서
 고시공부를 하면서 수월의 얘기를 전해 듣고 발심해 훗날 간도 현장
 을 답사한 뒤 수월에 대한 책 『물속을 걸어가는 달』을 펴낸 바 있고,
 명선 스님도 『수월평전』을 출간했다. 관심이 있는 분들이면 이런 책
 을 통해 진짜 수월의 숨결을 느낄 수 있을 것이다.

혜월(慧月)

혜월은 경허의 두 번째 제자다. 혜월의 속성은 평산 신(申)
씨로 알려져 있으며 11세의 어린 나이로 덕숭산 정혜사로 출
가했다. 그는 15세 되던 해 정혜사에 머무르고 있던 혜안(慧
安) 스님을 은사로 계를 받는다. 혜월은 줄곧 대중의 밥을 지
어주는 공양주 노릇을 하고 있었다. 24세 되던 해 경허가 정
혜사로 찾아와 법문을 하게 된다. 혜월은 경허의 법문을 들었
으나 도저히 무슨 말인지 알 수가 없었다.

"사대(四大)가 본래 거짓으로 이루어져 법을 설하지도 못하고 듣지도 못하며, 허공도 또한 법을 설하지도 못하고 듣지도 못하느니라. 다만 눈앞에 뚜렷이 밝은 한 물건이 있어 능히 법을 설하고 듣나니 고명(孤明)한 이 한 물건이 무엇인고?"

그러나 혜월은 고개를 흔들었다. 경허가 다시 물었다.

"알겠느냐? 대체 어느 한 물건이 법을 설하고 법을 듣느냐? 형상은 없되 뚜렷이 밝은 그 한 물건을 일러라!"

혜월은 앞이 캄캄해 이 순간부터 오로지 이 화두일념(話頭一念)에 몰두했다. 앉으나 서나 일할 때나 잠잘 때까지도 '대체 이 한 물건이 무엇인가?'하는 일념을 놓지 않은 것이다. 그렇게 일념에 잠겨 참구하는 가운데 3년이라는 세월이 지났다. 그런데 혜월은 짚신 삼는 솜씨가 뛰어나 남이 한 켤레를 삼을 동안 너끈히 세 켤레를 삼아낼 정도로 탁월한 솜씨를 보여주곤 했다. 그리고 틈만 나면 짚신을 삼아 나뭇가지에 걸어 놓고 아무나 필요한 사람이 신도록 하는 것을 즐거움으로 알았다. 아직 깨달음에 이르지 못한 채 토굴에서 참선 삼매에 빠져 있던 어느 날, 스승 경허가 짚단을 토굴로 던져 넣으며 한마디 했다.

"내일 먼 길을 떠나야겠으니 짚신이나 한 켤레 삼아주게."

혜월은 스승의 분부를 받자 곧바로 짚신을 삼기 시작했다. 그리고 짚신을 다 삼은 후 마지막 손질을 하느라 나무망치로 짚신을 탁탁 두드렸다. 그 순간 나무망치 소리에 천하의 문이 활짝 열렸다. 드디어 깨달음의 순간이 혜월에게 찾아온 것이다. 혜월은 감격과 기쁨의 눈물을 흘리며 경허에게 달려갔다.

"그대는 대체 참선은 무엇하러 하는가?"

"못에는 물고기가 뛰고 있습니다."

"허면 자네는 지금 어디에 있는고?"

"산꼭대기에 바람이 지나갑니다."

경허는 그 자리에서 혜월이 한 소식 얻었음을 알고 다시 물었다.

"목전(目前)에 고명(孤明)한 한 물건이 무엇인고?"

이에 혜월은 동쪽에서 서쪽으로 가 섰다가 다시 서쪽에서 걸어와 동쪽으로 가서 섰다. 다시 경허가 물었다.

"어떠한 것이 혜명(慧明)인가?"

"저만 알지 못할 뿐만 아니라 일천성인(一天聖人)도 알지 못합니다."

경허가 여기에서 혜월을 인가(認可)하였다.

"옳고 옳다."

이때 혜월은 24세였다. 그 후 1902년 경허는 혜월에게 전법게(傳法偈)를 내렸다.

"그대는 남쪽에 인연이 있으니 이 길로 남쪽으로 내려가라."

그리고 제자가 마지막으로 삼아준 짚신을 신고 천장암을 떠났고, 혜월 또한 그 길로 남쪽으로 갔다. 그것이 스승과 제자의 마지막이었다.

付慧月 慧明

了知一切法

自性無所有

如是解法性

卽見盧舍那

依世諦倒提唱

無文印靑山脚

一關以相塗糊

水虎中春下澣日

萬化門人 鏡虛說

혜월 혜명에게 부치노라.

일체법 깨달아 알면

자성에는 있는 바가 없는 것

이같이 법성을 깨쳐 알면

곧 노사나 부처님을 보리라.

세상 법에 의지해서 그릇 제창하여

문자 없는 도리에 청산을 새기니

고정된 진리의 상에 풀을 발라 버림이로다.

임인년 늦봄에

만화 문인 경허 설하다.

천진불 혜월

혜월은 항상 어린애 같았으며 철없는 아이와 같아 '천진불'이라 불렸다. 그러나 혜월은 글을 전혀 모르는 까막눈이었다. 평생 글을 배우지 않은 것이다. 그가 무식한 자신을 얕보던 자들을 골탕 먹인 적이 있었다. 어느 날 강원에 나타난 혜월은 죽비를 장판 위에 힘껏 굴리면서 강사들에게 물었다.

"장판 위에 죽비 구르는 글자가 무엇이오?"

그러나 강사들은 아무리 궁리하여도 수수께끼를 풀지 못했다. 혜월은 지그시 웃었다.

"이 사람들아, 그렇게 쉬운 글자도 모른단 말인가? 임금 왕(王) 아닌가?"

"어째서입니까? 어째서 장판 위에 죽비가 굴러가는데 그것이 임금 왕 자입니까?"

"땅 위에 한 일(一) 자가 누웠으니 임금 왕이지. 땅이면 흙 토(土)이고, 흙 토 위에 한 일 자면 임금 왕 자니까. 자네들 유식하다고 잘난 체들 하지 말게. 자네들이야말로 임금 왕 자도 모르는 까막눈들이니까 말이야."

혜월이 부산 선암사에 있을 때 칼에 미친 헌병대장이 혜월이 천하의 명검을 갖고 있다는 소문을 듣고 찾아왔다. 그는 검을 보여 달라고 조르는 헌병대장의 뺨을 갈겨 버렸다. 섬돌 아래로 떨어진 헌병대장은 화가 치밀었는데 혜월은 그를 일으켜 주며 말했다.

"이것이 내가 갖고 있는 천하의 명검이오. 당신을 때려 떨어뜨린 손은 당신을 죽이는 칼이고, 당신을 부축하여 일으켜 세운 손은 당신을 살리는 칼이오."

혜월은 평생 무소유의 삶을 철저하게 지켰다. 평생 손에서 괭이와 지게를 놓은 적이 없었다. 혜월은 하루에 2시간 이상 잠을 자지 않았는데 그중 가장 열심히 했던 일은 땅을 파고 농사를 짓는 일이었다. 항상 가는 곳마다 거친 땅을 일궈 혜월은 '개간 선사'라 불리기도 했다. 그야말로 혜월은 11세의 어린 나이로 동진출가하여 평생 11세 나이 그대로 천진을 간직한 천진불이다. '귀신도 천진불 혜월은 속이지 못한다'는 말이 있을 정도로 남의 말을 그대로 믿어버리는 무심도인(無心道人) 혜월.

그가 선암사에 머무르고 있을 때였다. 어느 날 시내에 볼일을 보기 위해 산을 내려가던 혜월은 지친 발걸음을 쉬어가기 위해 산 밑 오막살이에 들르기로 하였다. 이 오막살이는 절 오르는 길목에 있었고, 절에 딸린 밭을 과부가 부치고 있었다. 하여 절 식구들과는 무관하지 않은 사이였다. 과부가 절의 허드렛일도 봐주었기 때문이었다. 툇마루에 앉아 쉬던 혜월은 무심코 방문을 열었다. 그러자 이상한 광경이 눈에 들어왔다. 대낮인데도 방안에는 이불이 깔려 있고, 벌거벗은 부목(負木)과 과부가 나란히 누워있는 장면과 맞닥뜨리게 된 것이다. 그 부목은 선암사에서 고용하고 있는 일꾼으로 몸이 건장하고 일도 열심히 해 혜월의 신임을 받고 있었다. 마침 그날 아침에는 그 부목이 소를 끌고 장에 가 물건을 사오기 위해 일찍

감치 절을 나섰다. 물건을 사러 새벽 일찍 절을 나선 부목이 과부의 집 안방에 벌거벗은 채 누워 있고, 과부 또한 평소에는 밭에 앉아 김을 매고 있을 대낮에 그처럼 벌거벗고 누워있던 것이다. 그 모습을 보고 놀란 혜월은 다음과 같이 물었다.

"자네는 소를 끌고 장을 보러 나갔는데 장에는 안 가고 왜 여기 있는가?"

그러자 부목은 엉겁결에 거짓말을 하였다.

"장을 보러 가다 갑자기 배가 아파 이 집에 들렀습니다. 스님, 너무나 배가 아파 꼼짝도 할 수 없었습니다. 그래서 벌거벗고 누워있는 것입니다."

"자네는 배가 아파 그럴 수 있다지만 과부댁은 왜 밭에 나가 있지 않고 대낮에 방문을 닫고 누워 있는가?"

과부도 할 수 없이 대답했다.

"저도 배가 아파 누워 있는 것입니다. 큰스님."

"야단났군."

방문을 닫은 혜월은 시내로 가려던 것도 잊고, 다시 절로 돌아오며 연신 중얼거리고 있었다.

"야단났다. 두 사람이 배가 아파 야단났다. 야단났어!"

헐레벌떡 선암사로 되돌아온 혜월은 절문을 들어서기 무섭게 공양주를 불렀다. 공양주가 부엌에서 뛰어나오자 혜월은 급히 말했다.

"빨리 흰죽을 쑤게!"

영문을 모르는 공양주가 혜월에게 물었다.

"갑자기 흰죽을 쑤라니요. 어디 편찮으십니까?"

그러자 혜월이 대답했다.

"내가 아픈 게 아니라 부목이 아파 죽을 쒀서 갖다 줘야겠다."

"부목이 배가 아프다니요? 아침까지 멀쩡하던 사람이요?"

공양주의 물음에 혜월이 걱정스런 얼굴로 대답했다.

"부목만 아픈 게 아니다. 아랫마을 과부댁도 배가 아프다. 그래서 두 사람이 벌거벗고 함께 누워있다. 빨리 두 사람에게 흰죽을 쒀서 갖다 줘야겠다."

그제야 혜월의 말을 듣고 있던 대중들은 혜월이 아랫마을 과부 집에서 무엇을 보고 왔으며 과부 집 안방에서 무슨 일이 벌어지고 있던가를 짐작할 수 있었다. 그들은 모두 입을 씰룩거리며 웃기 시작했다. 건장한 부목과 과부댁 간의 심상치 않은 소문은 이미 절 사람들도 다 알고 있는 터였다. 대중들은 웃음을 참느라 야단법석이었다. 공양주는 억지로 웃음을 참으면서 죽을 쒔다. 곁에서 발을 동동 구르며 기다리던 혜월은 죽이 다 되자 죽 그릇을 들고 직접 산길을 내려가기 시작했다. 행자를 시키면 되지만 너무 아파 벌거벗고 누워있던 두 사람의 모습이 너무 불쌍해 자신이 직접 죽을 날라주기로 한 것이다. 그렇게 산길을 반쯤 내려가는데 배가 아파 과부와 함께 누워 있던 부목이 소를 몰고 올라오는 것이 보였다. 그런데 부목의 얼굴은 멀쩡했다. 부목은 오히려 혜월에게 물었다.

"큰스님, 어딜 가십니까?"

"자네한테 가고 있는 중이네."

"아니 왜요?"

"자네와 그 젊은 과부가 배가 아프다고 하기에 죽을 쑤어 가지고 가네."

부목은 순간 할 말을 잊었다.

"자네 배는 다 나았나? 과부댁은 어떤가? 배가 아프면 흰 죽을 먹어야지. 여기서라도 훌훌 마셔두게."

사람의 입에서 나오는 말은 모두 믿어 버리는 천진불, 혜월. 그 자신은 한 번도 남에게 거짓말을 해본 적이 없으며 '거짓말'이라는 낱말의 의미조차 모르는 무구(無咎)의 성인, 그의 이름이 바로 혜월이다.

혜월과 동자승

혜월이 팔공산에 있는 파계사에 머무르고 있을 때였다. 혜월의 소문을 듣고 송광사의 젊은 스님 하나가 친견하기 위해 전라도 땅에서 경상도 땅으로 찾아왔다. 객승이 혜월에게 큰절을 올리자 혜월이 물었다.

"어디서 오셨는가?"

"조계산 송광사에서 왔습니다."

"전라도 부처는 요즘 시절인연(時節因緣)이 어떠하던가?"

"가고 머무르고 앉고 눕는 것(行住坐臥)이 여일(如一)합니다."

"그러하면 그대는 뭐 하러 이곳까지 찾아오셨는고?"

그러자 객승이 대답했다.

"참선하려고 왔습니다. 그리고 큰스님의 시절인연을 보려 왔습니다."

객승의 대답에 혜월이 대뜸 되물었다.

"참선해 뭐 하려고?"

"그거야 부처가 되려고 그러지요."

"참선은 앉아서 하는 건가, 서서 하는 건가?"

"물론 앉아서 하지요."

그러자 혜월이 웃으며 말했다.

"그놈의 부처는 다리병신인 모양이지, 앉아서만 있으니."

어리둥절해진 객승이 혜월에게 물었다.

"좌선은 앉아서 하는 것이 아닙니까?"

"그것은 앉아만 있는 것이지, 부처 되는 작업은 아니야."

"그러면 어떻게 해야 합니까?"

그러자 혜월은 소리를 질렀다.

"명색이 먹물옷 입고 중노릇하면서 그것도 모르시나?"

"그래서 큰스님을 찾아와 문안드리지 않았습니까?"

혜월은 벌떡 일어나며 말했다.

"아이고, 나도 모르겠네. 점심 공양이나 하시게. 나는 시장에나 다녀와야겠네."

혜월은 객승을 남겨두고 시장에 가려는 듯 서둘러 경내를 빠져나가려 했다. 그때였다. 방안에서 "아이고, 아이고!"하는 곡소리가 들려오기 시작했다. 혜월은 바삐 나서려던 발걸음을 멈추고 방문 앞으로 다가가 큰절을 올려 합장하고는 다음과 같이 말했다.

"큰스님, 큰스님, 저 시장에 다녀오겠습니다."

그러자 방 안에서 칭얼거리는 울음소리가 들려 왔다.

"아니, 내 점심은 안 차려주고 너 혼자 간단 말이냐?"

"곧 다녀오겠습니다, 큰스님. 심심하시면 객스님과 재미있게 노십시오."

그러자 문이 열리더니 이제 갓 열 살이 넘은 듯한 동승 하나가 고개를 내밀고 말했다.

"빨리 다녀와라, 해지기 전에."

무심코 열린 방문을 통해 바깥에서 일어나고 있는 일을 지켜보고 있던 젊은 객승은 너무 놀라 입이 다물어지지 않았다. 그토록 법격이 높은 큰스님 혜월에게 명령을 내리고, 그 큰스님 혜월로부터 '큰스님'으로 호칭 받는 더 큰 스님이 도대체 누구일까 궁금하던 차에 열린 방문을 통해 나타난 분이 정작 이제 열 살 남짓한 동자승이었던 것이다. 그뿐인가? 혜월은 그 동승에게 깍듯이 합장 배례하고 문안 인사드린 후 절문 밖으로 나간 것이다. 젊은 객승은 어리둥절하여 그 동승을 바라보고 있었는데 그 동자승은 자신을 쳐다보고 있는 객승과 눈이 마주치자마자 벌떡 일어나며 소리쳐 말했다.

"그대는 누구인가? 못 보던 얼굴인데? 오라, 알겠다. 우리 절을 찾아온 객중인 모양이로구나. 그런데 도대체 어디서 온 객승인데 건방지게 눈이 마주쳐도 앉아만 있는고? 우리 혜월

스님은 아침저녁 내게 문안인사를 올리는데!"

객승은 기가 막히다 못해 분노가 치밀었다. 그렇다고 열 살 남짓의 동자승과 싸울 수도 없는 노릇. 간신히 분노를 가라앉힌 객승은 조용히 방 안으로 동자승을 들어오게 했다. 마침 심심했던 듯 그 동자승은 좋아라고 객승이 머무르고 있는 방으로 당당하게 들어와 앉았다.

"나를 왜 부르지?"

그러자 객승은 문을 닫고 나서 꾸짖었다.

"네 이놈, 도대체 어디서 그러한 무례를 배웠는고?"

처음 당하는 일이라 동승은 벌벌 떨고 있었다.

"내 당장 네 옷을 벗겨 절문 밖으로 쫓아버릴 것이다."

그러자 비로소 동승은 눈물을 흘리며 말했다.

"스님, 저를 용서해 주십시오."

"이리 와 앉거라."

자리에 앉는 법조차 모르는 동승은 무릎을 꿇지 않고 털썩 자리에 주저앉았다.

"지금부터 내가 시키는 대로 하여라. 알겠느냐?"

"네."

객승은 동승에게 기본적이고 간단한 예법을 가르쳐 주었다.

"시키는 대로 해야 한다. 그렇지 않으면 당장에라도 옷을 벗겨 절문 밖으로 쫓아버릴 테다. 알겠느냐?"

"알겠습니다."

동승은 울먹이며 대답했다. 그날 저녁 늦게 혜월이 시장에서 돌아왔다. 그는 절에 도착하자마자 동승이 머무르고 있는 방문 앞에 서서 큰 소리로 문안인사를 했다.

"큰스님, 시장 다녀왔습니다."

그런데 방 안에서 대답이 없었다. 젊은 객승은 그 동승이 자신이 시키는 대로 예의 바르게 행동하는가를 지켜보기 위해 방문을 열고 이를 살펴보고 있었다.

"큰스님, 어디 편찮으십니까?"

혜월은 조심스레 방문을 열어보았다. 그러자 방안에서 동자승이 울먹이며 혜월을 향해 두 손을 모아 합장하고 인사를 했다.

"큰스님, 이제 다녀오십니까?"

혜월은 순간 자기가 시장에 가고 없는 사이에 어떤 일이 벌어졌는가를 금방 알아차릴 수 있었다. 그날 밤 혜월은 자신의 방으로 그 젊은 객승을 불렀다.

"내가 시장에 가고 없을 때 그대가 동승에게 가르침을 준 것 같구먼. 무엇을 가르쳤는가?"

객승이 자랑스럽게 대답했다.

"하도 무례하고 무도하여 간단한 예법과 도리를 가르쳐주었습니다. 꿇어앉는 법, 공경어 쓰는 법, 인사하는 법과 같은 간단한 예의를 가르쳐 주었습니다."

순간 혜월은 소리쳤다.

"그대는 내가 예법을 몰라 그 어린아이에게 가르쳐주지 않

부산 원효정사에 모신 혜월 선사의 사진

왔다고 생각하는가? 천진 그대로의 모습이 하도 좋아 이 세상의 때가 묻지 않도록 가꾸고 있었는데 그대가 무슨 연유로 그 천진을 깨뜨린단 말인가? 그대는 예법을 가르쳐 줌으로써 천진 그대로의 부처를 죽이고 말았네. 한 번 잃은 부처는 다시 살아날 수 없는 노릇. 이제 큰스님 동자승과는 시절인연이 다 됐으니 내일 아침 그대가 산문(山門)을 떠날 때 그 동자승을 데리고 함께 가게."

객승은 다음날 아침 열 살 남짓의 동승을 데리고 산문을 떠날 수밖에 없었다. 객승을 따라나서는 동승을 마지막으로 떠나보내면서 혜월은 크게 절하고 두 손을 모아 합장한 후 작별 인사를 했다.

"큰스님, 어디를 가시나 부디 건강하시고 어디를 가시나 공부 잘하십시오."

산문을 지나 산자락을 타고 멀리 사라져가는 동승의 뒷모습을 쫓아 혜월은 산짐승처럼 뒷산을 오르고 올라 그 모습을 하염없이 바라보았다. 소리 없이 눈물을 흘리며.

혜월의 얼룩소

혜월은 묶인 소만 보면 풀어주곤 하였다. 혜월이 가장 싫어한 것은 소를 매어두는 것이었다. 실컷 일을 부려먹고 쉴 때도 왜 소를 묶어두느냐는 것이었다. 그래서 혜월은 길을 가다 매인 소를 보면 다짜고짜 풀어놓곤 하였다. 그래서 절 아래 살고 있는 사람들은 혜월이 동네 앞을 지난다는 소문이 들리면 다투어 뛰어나가 먼저 소부터 감시했다고 한다. 그대로 내버려두면 혜월이 풀어준 소가 콩밭을 작살내놓기 일쑤였기 때문이었다. 콩밭을 소가 다 파먹어 화가 상투 끝까지 오른 소 주인이 절까지 찾아와 혜월에게 덤벼들자 혜월은 다음과 같이 말했다.

"이 사람아, 콩밭은 누가 제일 애써 갈았나? 이 소가 아닌가? 그러면 먼저 소부터 먹여야지, 안 그런가?"

혜월이 이처럼 소를 사랑하였기에 인근 소들도 혜월을 사랑했다. 이상하게 마을에서 소만 잃어버렸다 하면 그 소는 제 발로 어슬렁어슬렁 혜월이 머무르고 있는 절로 찾아온 것이다.

당시 모든 사찰이 마찬가지였지만 선암사도 살림이 어려웠다. 혜월은 절 살림에 보탬이 될까 하여 밭을 개간하고 스스로 나가 농사일에 부지런히 정진했다. 농사일이 크게 되니 자연 소가 필요하게 되어 혜월이 직접 소시장에 나가 '얼룩이'라고 불리는 소 한 필을 사다 기르기 시작했다. 이 얼룩소에 쏟는 혜월의 정은 남다른 것이었다. 손수 소먹이를 끓여주기도 하고 깨끗이 몸을 닦아주기도 했다. 농사일을 많이 한 날이나 시장에서 장을 본 날이면 혜월은 밤늦게까지 소의 등을 쓰다듬으며 위로하곤 했다. 몇 해를 두고 계속되는 혜월의 정성이 지극했기 때문에 나중에는 얼룩소도 혜월의 말을 알아듣게 되었으며 서로 눈빛만 봐도 마음이 통하는 사이가 되었다.

그러던 어느 봄날, 그 얼룩소가 감쪽같이 사라졌다. 밤새소도둑이 들어 몰래 소를 끌고 간 것이다. 이른 새벽 외양간 문이 열려 있는 것을 제일 먼저 발견한 행자가 소를 잃었다고 고함을 치자 온 절 안이 웅성거리기 시작했다. 원주 스님이 혜월의 방으로 뛰어와 다급한 어조로 말했다.

"큰스님, 얼룩이가 사라졌습니다. 간밤에 도둑이 들어 소를 몰래 끌어갔습니다."

방 안에서 이를 들은 혜월은 묵묵부답이었다. 이어 온 사내 대중들이 소를 찾으려고 마을로 내려가는 새벽길을 달려가기 시작했는데 혜월은 뒷짐을 지고 뒷산을 올라가고 있었다. 산정에 오른 혜월은 주위에 인기척이 없는 것을 확인하자 두 손을 입가에 대고 소리쳤다.

"얼룩아, 얼룩아!"

이때 마침 소도둑은 뒷산 비탈길을 내려가고 있었다. 마을 길로 내려가면 들킬까봐 일부러 뒷산 비탈길을 가로질러 가고 있던 것이다. 멀리서 자기를 부르는 혜월의 목소리를 듣자 끌려가던 얼룩소가 제자리에 멈춰 울었다.

"음머, 음머어!"

소는 끌려가지 않으려 버티고, 도둑은 고삐를 잡아끌고, 혜월은 얼룩소를 부르고, 얼룩소는 혜월을 향해 울고 그러는 사이 날은 밝고 마침내 행자들이 그 소도둑을 잡게 되었다. 소도둑을 잡아 절로 끌고 온 행자들은 도둑을 때리기 시작했다. 그런데 소도둑의 비명을 들은 혜월이 뛰어나와 소리를 질렀다.

"소가 다시 왔으면 됐지, 무엇 때문에 사람을 때리느냐?"

그리고 혜월은 도둑에게 용돈까지 챙겨주며 말했다.

"밤새 소를 끌고 가느라 한잠도 못 자고 얼마나 수고하셨는가? 자, 어서 빨리 일어나 돌아가시게."

남는 장사

혜월이 손수 황무지를 개간해 2천 평의 논을 만든 적이 있었다. 이 옥토를 마을사람 중 한 사람이 노리고 있었다. 그는 혜월의 천진함을 이용해 그 논을 싸게 사려고 밤마다 찾아와 졸라댔다. 남의 부탁을 거절하지 못하는 혜월은 그 사람에게 물었다.

"도대체 왜 논을 사려 그러시나?"

"농사를 지어 밥술이라도 먹을까 해서 그렇습니다. 시세대로 쳐드리겠습니다. 저에게 파십시오."

혜월은 그의 부탁을 거절하지 못하고 주막으로 따라가 술과 고기가 차려진 술상 앞에서 계약을 하고 말았다. 혜월은

밤늦게야 절로 돌아왔다. 혜월은 제자들에게 논값을 내놓으며 말했다

"옛다. 여기 돈이 있다."

원래 혜월은 돈에 대해서는 백치였다. 신도들이 이따금씩 용돈을 주면 봉투를 뜯어보려 하지도 않고 이불 밑에 넣어 두었다가 사중 스님들에게 봉투째 용돈을 집어주곤 하였다. 도대체 산술을 모르는 사람이었다. 그런 그가 갑자기 엄청난 액수인 논값을 내놓으니 앞뒤 사정을 모르는 대중들은 놀랄 수밖에 없었다.

"이게 웬 돈입니까?"

그러자 혜월이 대답했다.

"내가 논을 팔았다. 마을사람 박 아무개가 밥술이라도 먹겠다고 졸라대서 줘버렸다."

느닷없는 혜월의 말에 제자들은 논값을 헤아려 셈을 해보았다. 그들은 돈을 세어본 후에 비로소 그 마을사람이 혜월을 속인 것을 알게 되었다.

"스님, 스님은 속으셨습니다. 논은 세 마지기인데 이 돈은 두 마지기 값밖에 되지 않습니다."

제자들이 일제히 힐난을 퍼붓자 묵묵히 앉아있던 혜월은 소리를 질렀다.

"이놈들아, 그게 무슨 소리냐? 저 논 세 마지기는 아직 그대로 절 앞에 있고, 여기에는 두 마지기 논값이 있으니 다섯 마지기 논으로 불었는데 도대체 무슨 소리냐!"

제자들은 아무 말도 할 수 없었다. 혜월은 자리를 박차고 일어나 다시 말했다.

"이놈들아, 장사는 나처럼 해야 한다."

뱀을 타이르다

한여름이 되면 깊은 산속의 절에는 여러 짐승이 많이 몰려들게 마련이다. 그 가운데서도 뱀이나 구렁이 같은 것들이 언제나 절 근처를 맴돌았다. 더구나 비만 오면 뱀과 구렁이들은 절 마당으로 잔뜩 몰려들었다. 그때 혜월은 그들 앞에 나타나 조용히 타이르곤 하였다.

"사람들이 너희들을 싫어하니 사람들 눈에 띄기 전에 자리를 피해 도망가라."

그러면 거짓말처럼 뱀과 구렁이들은 풀숲으로 스르르 사라져 버리곤 했다. 그래도 못 알아들은 뱀이 있으면 그는 어린애 다루듯 타이르면서 아무렇게나 뱀을 손으로 집어 숲 속에 놓아주곤 했는데 이상하게도 뱀은 절대로 혜월의 손을 물지 않았다.

또 찾아오시게

그가 정혜사에 있을 무렵 하루는 도둑이 들었다.

양식을 훔쳐내 지게에 지고 가려던 도둑은 가마니가 무거워 홀로 지게를 지려했으나 힘에 부쳐 쩔쩔맸다. 이때 누군가 밤도둑의 지게 짐을 들어 올려 슬며시 밀어주는 것이 아닌가?. 놀란 도둑이 돌아보니 혜월이었다. 그는 놀란 도둑에게 소리를 내지 말라고 입가에 손을 대고는 이렇게 말했다.

"쉬잇, 아무 소리 하지 말고 조용히 내려가게. 양식이 떨어지면 또 찾아오시게나."

수많은 선지식이 수행 오도한 후 열반했지만 일생을 천진함과 무심으로 모든 중생들을 제접한 혜월만큼 특이한 열반의 모습을 보여준 사람은 드물다. 그는 노년에 시간이 있을 때는 항시 뒷산에 올라 솔방울을 주어 자루에 담아오곤 하였다. 그가 열반하던 날도 역시 솔방울을 줍기 위해 산을 오르다 언제나 쉬던 그 자리에서 그대로 몸을 벗어버렸다. 그때가 세수 76세, 법랍 65세였다.

만공(滿空)

텅 빈 충만, 만공(滿空). 경허의 그 다음 제자가 만공이다. 만공에 대한 기록은 풍부하게 전해지고 있다. 『경허집』을 출판한 것도 만공이었다. 만공은 힘이 장사였는데 홍성 지방에 살던 김좌진이 수덕사에 소문을 듣고 찾아와 만공과 힘겨루기를 한 일이 있었다. 둘이 팔씨름 시합을 하게 되었는데 김좌진은 있는 힘을 다해 만공의 팔을 넘어뜨리려 애를 썼지만 만공은 그저 김좌진의 팔을 붙잡고만 있을 뿐이었다. 마침내 지쳐버린 김좌진이 손을 들었다. 당시 청년이었던 김좌진은 그 후 만주로 망명해 독립군 사령관이 되었다.

만공 스님의 진영

　13세에 어머니와 금산사에 다녀온 바우(만공 스님의 속명) 소년은 미륵부처가 업어주는 꿈을 꾸고 나서 식구들 몰래 출가의 꿈을 키운다. 마침내 14세에 공주 계룡산 동학사로 출가해 진암(眞巖) 스님 밑에서 행자생활을 하다 그곳에 다니러 온 경허를 운명적으로 만난다. 경허를 따라가라는 진암 스님의 말에 처음엔 싫다고 거부하지만, 경허의 법문을 듣고 난 후 그 자리에서 마음을 바꿔 제자가 되기로 결심한다. 경허는 그의 형 태허 스님과 어머니가 머물던 천장암에 바우 소년을 데리고 가 '월면(月面)'이라는 법명을 준다.

　바로 이때가 경허의 세 달이 모두 함께 천장암에 주처하던 기념비적인 순간이었다. 훗날 북간도에서 슬픈 동포들에게 짚신을 삼아주며 무주상보시를 했던 '북녘의 상현달' 수월 스님은 땔나무를 해오는 소임인 부목을 맡고 있었고, 아이 같은 천진불로 유명했던 '남녘의 하현달' 혜월 스님은 이곳에서 경허에게 보조국사의 수심결을 배우고 있던 것이다. 이때 수월은 30세, 혜월은 23세, 만공 월면은 14세였다.

　'만법귀일 일귀하처(萬法歸一 一歸何處: 만 가지 법이 하나로 돌아가는데, 대체 그 한 가지 돌아가는 곳이 어디냐)'를 화두로 참선에 들어간 만공은 25세에 온양 봉곡사에서 새벽종을 치며 깨달음을 얻어 다음과 같은 오도송을 남긴다.

空山理氣古今外
白雲淸風自去來
何事達摩越西天
鷄鳴丑時寅日出

빈산의 이치와 기운은 예와 지금의 밖에 있는데
흰 구름 맑은 바람은 스스로 오고 가누나
무슨 일로 달마는 서천을 건너 왔는가
축시엔 닭이 울고 인시엔 해가 뜨네.

이후 만공은 공주 마곡사 토굴에서 수도했으나 경허로부터 아직 진면목에 깊이 들지 못했다는 점검을 받고 더욱 정진한다. 경허를 모시고 서산 부석사와 부산 범어사 계명암에서 수도하고 해인사 조실로 초청받은 스승 경허를 시봉한다. 1901년 경허와 헤어진 만공은 양산 통도사 백운암에서 재차 깨달음을 얻었다.

1904년 금강산을 거쳐 삼수갑산으로 화광동진(和光同塵)하러 떠나는 경허에게 마지막으로 법인가를 받고 '만공(滿空)'이란 법호를 받는다. 이때 만공은 스승 경허의 헌 담배쌈지와 담뱃대가 마음에 걸려 새것으로 선물했는데 경허는 아이처럼 좋아했다고 한다. 훗날 글방 선생 '박난주'로 임종을 맞을 때 경허는 이 두 가지를 꼭 무덤에 함께 묻어달라고 했다. 아마 이 물건이 자신임을 증명할 신표가 될 것임을 내다봤기 때문일 것이다.

멍텅구리의 법문

1930년대 말, 만공이 수덕사에 있을 때였다. 당시 만공 스님을 시봉하고 있던 어린 진성사미, 즉 훗날 수덕문중이며 이 나라 불교의 큰 스승이 된 원담 스님이 사미승이던 시절, 진성사미는 어느 날 사하촌의 나무꾼들을 따라 나무를 하러 갔다가 장난기 많은 나무꾼들에게 속아 딱따구리 노래를 배워 부르고 다녔다.

만공 선사를 기리기 위해 세워진 예산 수덕사의 만공탑

저 산의 딱따구리는

생나무 구멍도 잘 뚫는데

우리 집 멍텅구리는

뚫린 구멍도 못 뚫는구나.

뜻을 알지 못하는 진성사미는 노랫말이 의미하는 내용을 이해하지 못해 심심할 때마다 절 안을 돌아다니며 큰 소리로 이 노래를 부르곤 했다. 마침 만공이 지나가며 노래를 듣고 좋은 노래이니 잊지 말라 당부하고 갔다.

그런데 어느 화창한 봄날, 서울 경복궁의 내명부 상궁들과 나인들이 만공에게 법문을 청했다. 그러자 만공은 좋은 법문이 있다면서 진성사미를 불러 노래를 시켰다. 만공의 칭찬에 신이 난 진성사미는 구성지게 노래를 불렀다. 순진한 동자사미의 노래를 듣는 동안 내명부의 나인들은 얼굴을 붉히며 노래를 듣고만 있었다. 노래가 끝나고 만공은 담담한 모습으로 나인들에게 법문을 했다.

"바로 이 노래 속에 인간을 가르치는 만고불력의 직설 핵심 법문이 있소. 마음이 깨끗하고 밝은 사람은 딱따구리 법문에서 많은 것을 얻을 것이나 마음이 더러운 사람은 이 노래에서 한낱 추악한 잡념을 일으킬 것이오. 원래 참법문은 맑고 아름답고 더럽고 추한 경지를 넘어선 것이오. 범부중생은 부처와 똑같은 불성을 갖추어 이 땅에 태어난 모든 사람은 '뚫린 부처 씨앗'이라는 것을 모르는 멍텅구리요. 뚫린 이치를 찾는 것이 바로 불법이오. 삼독과 환상의 노예가 된 어리석은 중생들이라 참으로 불쌍한 멍텅구리인 것이오. 진리는 지극히 가까운 데 있소. 큰 길은 막힘과 걸림이 없어 원래 훤히 뚫린 것이기 때문에 지극히 가깝고, 결국 이 노래는 뚫린 이치도 제대로 못 찾는 딱따구리만도 못한 세상 사람들을 풍자한 훌륭한 법문인 것이오.”

아프다고 소리치는 그 놈

어린 원담 스님이 만공을 친견하던 어느 추운 겨울이었다. 원담 스님이 만공에게 인사를 드리고 고개를 드는 순간 만공이 다짜고짜 주장자로 원담 스님의 머리를 한 대 때렸다. 원담 스님이 깜짝 놀라 소리를 지르자 만공이 아프냐고 물었다.

“스님께서 때리셨으니 머리가 아프지요.”

그러자 다시 한 번 주장자가 날아왔고 만공이 또 물었다

“아픈 놈이 무엇인고?”

그날 밤에도 만공은 원담 스님을 불러 진지하게 다시 물었다.

“아까 내가 주장자로 때렸을 때 어디가 아팠느냐?”

“머리가 아팠습니다.”

“참 이상하구나. 아픈 곳은 머리인데 어째 입이 소리를 질렀을까?”

원담 스님이 그 말을 듣고 보니 정말 이상했다. 원담 스님이 고개를 갸웃거리자 만공이 말했다.

"매 맞지 않고 아프지도 않은 입을 시켜 소리를 내게 한 놈이 어떤 놈인지 생각해 보아라."

생각도 못한 숙제를 받은 원담 스님은 군불 지필 때도 법당을 청소할 때도 밥을 먹을 때도 오직 그 생각뿐이었다. 그래도 만공은 어린 원담 스님을 볼 때마다 주장자로 원담 스님의 머리를 탁, 탁 내려치며 말했다.

"배고프면 배고프다고 아우성치는 그 놈, 집에 두고 온 어머니가 보고 싶다는 그 놈, 그 놈이 무엇인지 보아라. 네가 안고 있는 그 놈이 어떤 놈인지 알아야 그 놈 농간에 넘어가지 않는 법이다."

원담 스님이 밥을 하고 찬을 만들며 이곳저곳을 오가는 사이 덕숭산 자락이 붉게 물들고, 그 놈이 무엇인지 알아갈 즈음 만공이 다시 원담 스님을 불러 그 놈을 알았느냐 물었다. 이에 원담 스님은 대답했다.

"마음입니다."

"그러면 그 마음이란 놈은 어디 있느냐?"

그것이 문제였다.

"분명 있기는 한데 보이지도 잡히지도 않는 것입니다."

또 다시 주장자가 어깨 위로 떨어지고, 한참 너털웃음을 짓던 만공이 말했다.

"서른 먹은 중보다 어린 네가 공부를 더 잘했구나."

훗날 원담 스님이 한국 불가의 대들보가 된 것은 이러한 스승 만공과의 만남 때문이었다.

매미를 잡은 사람

만공이 사람들과 수박 공양을 할 때였다. 마침 근처 나무에 앉은 매미가 요란스레 울어 그가 이런 제안을 했다.

"수박 잔치를 합시다. 매미를 잡는 사람에게는 수박값을 안 받고, 매미를 못 잡은 사람에게는 서푼을 받겠소."

말이 끝나기 무섭게 한 사람이 매미 소리를 냈다. 그러자 만공이 말했다.

"매미를 못 잡았으니 서푼을 내시게."

이내 또 다른 사람이 말했다.

"여기 진짜 매미를 잡아왔습니다."

하지만 만공은 고개를 저었다.

"자네도 서푼을 내시게."

이에 곁에 있던 이가 느닷없이 스님 등을 탁 치며 말했다.

"매미 잡았습니다!"

그러나 만공은 이번에도 손바닥을 펼쳤다.

"자네도 서푼을 내시게."

그때 제자 보월이 외출했다가 돌아왔다. 만공이 방금 전의 일을 들려주며 말했다.

"자네는 어떻게 하겠는가?"

보월은 대뜸 주머니에서 서푼을 꺼냈다. 그제야 만공은 웃으며 손바닥을 쳤다.

"매미를 잡은 사람은 보월이네!"

만공과 경허

만공은 말년에 덕숭산에 전월사를 짓고 지내다 1946년 10월 20일 나이 75세, 법랍 62세로 입적했다. 입적하던 봄, 만공은 시봉하던 원담 스님을 불러 더 살면 험악한 꼴을 볼 것이니 올해 시월 스무날쯤 가는 게 좋겠다 했다. 그리고 바로 그날 아침 목욕 후 기울을 들여다보며 춘성 스님에게 법상을 맡긴 후 열반에 들었다.

만공과 경허는 훗날의 원담과 만공처럼 실과 바늘이었다. 입술과 이였다. 그들이 한 몸이었기에 오늘날 우리는 우리를 울고 웃기는 천만년 불변의 선화를 볼 수 있다. 사실 경허가 보는 만공은 자신과 조금도 다름이 아니다. 만공이 혹은 경허가 서로에게 보낸 시가 우리를 울게 한다. 다음은 경허가 만공에게 보낸 시다.

雲月溪山處處同
奧山禪子大家風
慇懃分付無文印
一段機權活眼中

구름과 달, 시내와 산 이르는 곳마다 같은지고.
만고의 인품 이미 대가의 풍모 있더라.
글자 없는 도장을 은근히 분부하노니
일단의 기틀과 권한이 살아있는 눈에 보이는구나.

만공 또한 스승에게 다음과 같이 응대했다.

鏡虛本無鏡
惺牛曾非牛
非無處處路
活眼酒與色

경허는 경허인데 거울 없거니
소는 소인데도 소가 아니니
아님과 없음의 여러 곳에서
살아있는 눈엔 오직 술과 여자 뿐.

어찌 보면 규격을 일탈한 작품 같지만 그 속내는 스승에 대
한 최고의 찬사가 아닐 수 없다. 만공은 스승 경허를 있는 그
대로 본 것이다. 그리고 마지막.

善惡過虎佛
是鏡虛禪師
遷仕向甚處去
酒醉花面臥

착함과 악함이 호랑이와 부처님을 넘는
이 경허라는 스님이여

죽어서 어느 곳으로 향하여 가셨는고.

술에 취해 꽃밭 속에 누우셨도다.

역시 만공은 만공이다. 만공이 아니면 세상 누가 이토록 스승 경허를 알뜰히 알 수 있을까? 기실 경허를 아는 사람은 이 세상 오직 만공 하나였는지도 모른다. 스승 경허에 대한 모진 경애(敬愛)와 경외(敬畏) 그리고 한없는 슬픔. 만공은 그 절절한 비극의 절정, 흐드러진 꽃밭 속으로 스승 경허를 밀어 넣었다. 침몰시켰다. 유폐하였다. 그리고 한잔 술에 취해 그 꽃밭에 누운 그 경허를 아름답게, 너무나 아름답게 산화(散花)시켰다.

한암(漢巖)

어느 시골 서당에서 나이 겨우 아홉 살인 소년 하나가 『사략(史略)』을 읽고 있었다.

"태고에 천황씨(天皇氏)가 있었다 ……."

첫 대목을 읽던 소년은 선생을 향해 물었다.

"태고에 천황씨가 있었다 하였는데 그러면 천황씨 이전엔 누가 있었습니까?"

당돌한 물음에 선생은 당황했다.

"그렇지! 천황씨 이전에는 반고씨(盤古氏)라는 임금이 있었지."

한암 선사의 사진

소년은 그것으로 만족하지 않았다.

"그렇다면 반고씨 이전에는 누가 있었을까요?"

선생은 그 이상 소년의 회의를 풀어줄 수 없었다. 이 소년이 바로 한국 불교사의 한 페이지를 장식한 경허의 제자, 한암이다. 그는 어릴 때부터 우주와 인간의 근원에 대해 스스로 캐묻기를 주저하지 않았다.

그는 1876년 강원도 화천(華川)에서 태어났다. 그의 부모가 전란을 피해 고향 맹산(孟山, 평안남도)을 떠나 낯선 화천 땅에서 피난하는 동안 얻은 아들이다. 500년 왕업의 여명이 얼마 남지 않은 숨 가쁜 이조 말엽, 당연히 그의 삶 또한 순탄할 수 없었다.

반고씨 이전에 누가 있었을까? 그 후 십여 년 동안 아무리 유학의 경들을 공부해도 그 의문은 풀리지 않았다. 아니 오히려 유학에서는 그 문제를 해결할 길이 막혀 있을지도 모른다는 새로운 생각이 들었다. 우연인지 필연인지 한암은 나이 스물두 살에 금강산으로 가게 된다. 그리고 그 아름다움에 취한 충격을 억제할 수 없었다. 그는 깊은 명상에 잠겼다. 그리고 문득 하늘을 향해 솟아오른 금강의 위용을 바라보며 속세를 등지고 출가해 입산수도할 것을 결심한다. 당시 금강산의 명찰 장안사(長安寺)에는 유명한 행름노사(行凜老師)가 주처하고 있었다. 그는 노사를 의지해 수도의 첫걸음을 내딛었다.

그는 출가하며 스스로에게 다음 세 가지의 약속을 했다. 첫째, 자기 마음의 진성을 찾아보자. 둘째, 부모의 은혜를 갚자. 셋째, 반드시 극락으로 가자. 그는 불교 교리의 깊은 뜻을 공부하기 위해 신계사(神溪寺)의 보운강회(普雲講會)에 나갔다. 그리고 보조국사의 『수심결(修心訣)』을 읽어 내려가다 크게 깨달았다.

만일 마음 밖에 부처가 있고 자성 밖에 법이 있다는 생각에 집착해 불도를 구하고자 한다면 소신연비(燒身聯臂)의 고행을 하고 팔만장경을 모조리 독송하더라도 이는 마치 모래를 쪄서 밥을 지으려는 일과 같아 오히려 수고로움을 더할 뿐이다.

한암은 울었다. 죽음을 느낀 것이다. 그때 마침 자신이 머물던 장안사의 암자가 하룻밤 사이 불타서 잿더미가 되어버렸다는 소식을 들었다. 그는 생자필멸의 순리를 뼈가 저리게 체득했다. 이 세상 모든 것은 한단지몽(一場春夢), 한바탕 꿈인 것을 깨달았다. 한암은 그 후 도반인 함해선사와 동반해 구름처럼 떠돌아다니는 운수의 길에 올랐다. 그는 남쪽을 향해 흘러가다 경북 성주 청암사(靑巖寺) 수도암(修道庵)에서 경허를 만났다. 첫 만남이었다. 경허는 그를 만나자마자 『금강경(金剛經)』에서 한 구절을 인용했다.

"무릇 형상이 있는 모든 것은 모두 허망한 것이니 만일 모든 형상 있는 것이 아님을 알면 곧 여래(如來)를 볼지라."

이 구절을 듣자 한암은 세상이 보였다. 우주 전체가 환히 들여다보였다. 그리고 듣는 것이나 보는 것이 모두 자기 자신 아님이 없었다. 아홉 살에 서당에서 처음 가진 의문은 아침 안개가 걷히듯 모두 풀렸다. 그의 나이 27세, 가을이었다. 그는 다음과 같이 읊었다.

脚下靑天頭上巒
本無內外亦中間
跛者能行盲者見
北山無語對南山

다리 밑에 하늘이 있고 머리 위에 땅이 있네.
본래 안팎이나 중간은 없는 것.
절름발이가 걷고 소경이 봄이여.
북산은 말없이 남산을 대하고 있네.

개심을 넘다

한암은 또 스승 경허와 차를 마시고 있었다. 다른 대중들도 있었다. 경허는 그 자리에서 외쳤다.

"어떤 것이 진실로 구하고 진실로 깨닫는 소식인가? 남산에 구름이 일어나니 북산에 비가 내린다. 여기 모인 대중들아, 이것이 무슨 소리냐?"

누구도 대답하지 못했다. 한암이 일어섰다.

"창문을 열고 앉았으니 와장(互墻)이 앞에 있다."

대중들은 아무도 이해하지 못했다. 그러나 경허가 지그시 웃었다.

"한암의 공부가 개심(開心)을 초과했다."

한암은 30세 되던 1905년 봄, 양산(梁山) 통도사(通度寺) 내원선원(內院禪院)으로부터 조실로 와 달라는 초청장을 받고 거기에 가 젊은 선승들과 더불어 5~6년의 세월을 보냈다. 1920년 봄 선승들을 해산시키고, 다시 고향 평안도 맹산 우두암에 들어가 홀로 앉아 보림(保任)에 힘쓰고 있었다. 그러던 어느 날 부엌에 홀로 앉아 불을 지피다 또다시 머리가 열렸다. 그 깨달음이 성주 청암사 수도암에 있을 때와 조금도 차이가 없으나 다만 한줄기 활로가 분명해졌을 뿐이다. 때는 한암의 나이 35세 되던 겨울이었다. 그는 다시 읊었다.

着火廚中眼忽明
從玆古路隨稌清
若人問我西來意
岩下泉鳴不濕聲

부엌에서 불붙이다 별안간 눈 밝으나
이걸 좇아 옛길이 인연 따라 분명하네.
날 보고 서래의를 묻는 이가 있다면
바위 밑 우물 소리 젖는 일 없다 하리.
마을 개 짖는 소리에 손님인가 의심하고
산새의 울음소리는 나를 조롱하는 듯
만고에 빛나는 마음의 달이
하루아침에 세상 바람을 쓸어 버렸네.

만공과 한암

이때부터 한암은 종횡무진으로 선풍을 떨쳤다. 한암은 금
강산 지장암(地藏庵)에 있었고, 만공은 예산 정혜사(定慧寺)에
있었다. 둘은 그야말로 선(禪)의 쌍벽이었다. 그들은 가끔 만
났다. 어느 날 만공이 한암에게 법을 물었다.

"한암이 금강산에 이르니 설상가상이 되었다. 지장암 도량
내에 업경대가 있으니 스님의 업이 얼마나 되는가?"

한암이 대답했다.

"이 질문을 하기 전에 마땅히 서른 방망이를 맞아야 옳다."

만공은 다부지게 되물었다.

"맞은 뒤에는 어떻게 되는고?"

한암은 여유를 두지 않고 대답했다.

"지금 한창 잣서리할 때가 좋으니 속히 올라오라."

만공은 쉬지 않고 다시 말했다.

"암두(巖頭)의 잣서리할 때 참예하지 못함은 원망스럽지만 덕산(德山)의 잣서리할 시절은 원하지 않노라."

한암이 다시 응수했다.

"암두와 덕산의 명함은 이미 알았거니와 그들의 성은 무엇인가?"

이들의 문답은 그치지 않고 계속됐다.

"도둑이 지나간 후 3천 리가 넘었거늘 문 앞을 지나가는 사람이 성을 물어 무엇하랴."

만공의 물음에 한암은 또 대답했다.

"금선대 속에 있는 보화관(寶花冠)이 금옥(金玉)으로도 비하기 어렵다."

그러자 만공은 네모난 백지 위에 동그라미 하나를 그려 한암에게 보냈다.

한암의 명성

일본 조동종(曹洞宗)의 명승 사또오(佐藤)가 한국 불교계를 전부 돌아본 후 마지막으로 상원사(上院寺)에 와 한암에게 물었다.

"어떤 것이 불법의 대의입니까?"

한암은 조용히 안경집을 들어 보였다. 그러나 사또오도 만만치 않은 인물. 그는 다시 물었다.

"스님은 일대장경과 모든 조사어록을 보아오는 동안 어느 경전과 어느 어록에서 가장 깊은 감명을 받았습니까?"

한암은 대답했다.

"적멸보궁에 참배나 갔다 오라."

한참 있다 사또오가 다시 물었다.

"스님께서는 젊어서 입산해 지금까지 수도해 왔으니 만년의 경계와 초년의 경계가 같습니까, 아니면 다릅니까?"

한암은 잘라 대답했다.

"모르겠노라."

사또오가 일어나 절을 하면서 활구법문(活句法門)을 보여 주어 대단히 감사하다고 인사했다. 이 인사말이 끝나기도 전에 한암은 말했다.

"활구(活句)라고 말해 버렸으니 벌써 사구(死句)가 되고 말았군."

사또오는 훗날 한암을 가리켜 일본에서는 물론이고 세계적

한암 선사가 머물렀던 오대산 상원사

111

으로 둘도 없는 존재라고 평했다. 그 다음부터 일본 관리들이 상원사로 한암을 찾아오는 일이 잦았다. 그들은 모두 한암과 몇 마디를 나눈 뒤 반드시 깊은 감명을 받고 떠났다.

자식 같은 제자

한암은 50세 되던 1925년 서울 근방의 봉은사(奉恩寺)의 조실 스님으로 있었다. 그러나 그는 곧 차라리 천고에 자취를 감춘 학이 될지언정 상춘에 말 잘하는 앵무새의 재주는 배우지 않겠노라 맹세하며 다시 오대산에 들어갔다. 그 후 27년 동안 그는 동구 밖도 나오지 않은 채 76세의 나이로 일생을 거기서 마쳤다. 그때 그의 법랍은 54세였다. 그는 오대산에 처음 들어올 때 소지했던 단풍나무 지팡이를 중대(中臺) 뜰 앞에 꽂았다. 그림자를 재어보기 위함이었다. 그런데 그 지팡이가 꽂힌 자리에서 잎사귀와 가지가 돋아 나와 하나의 훌륭한 정자나무가 되었다.

한암은 경허의 마지막 제자이며 애제자였다. 경허가 북방으로 자취를 감추기 전 함께 떠나기를 권유했으나 한암은 간곡히 거절했다. 누구에게도 동행하기를 권유한 적 없는 경허. 그런 그가 한암에게만은 동반을 요구했다. 무언가 달랐던 것이다. 그 걸출한 제자들 중에서도 한암만은 스승 경허에게 달랐던 것이다. 경허가 한암과의 이별을 아쉬워하며 전한 아래의 전별사에 그 까닭이 숨어있다.

"나는 천성이 인간 세상에 섞여 살기를 좋아하고 겸하여 꼬리를 진흙 가운데 끌고 다니기 좋아하는 사람이다. 다만 스스로 삽살개 뒷다리처럼 너절하게 44년의 세월을 보냈는데 우연히 해인정사에서 한암을 만나게 되었다. 그의 성행(性行)은 순직하고 학문이 고명하여 한 해를 같이 지내는 동안에도 평생 처음 만난 사람같이 생각되었다. 그러다 오늘 서로 이별하는 마당을 당하게 되니 실로 아침의 굴뚝연기와 저녁 무렵의 구름이 멀리 혹은 가까이 산과 바다로 흩어지는 모양이 맞이하고 보내는 회포를 뒤흔들지 않는 것이 없다.

하물며 덧없는 인생은 늙기 쉽고 좋은 인연은 다시 만나기 어려운즉 이별의 섭섭한 마음이야 더 어떻다고 말할 수 있으랴. 옛사람이 말하기를 "서로 알고 지내는 사람은 천하에 가득하지만 진실로 내 마음을 아는 사람은 과연 몇이나 되랴?"하지 않았는가. 과연 한암이 아니면 내가 누구와 더불어 지음(知音: 마음이 통하는 친한 벗)이 되랴? 그러므로 여기 시 한 수를 지어 뒷날에 서로 잊지 말자는 부탁을 하노라."

이 전별사를 쓴 사람은 이미 예전의 무도(無道) 경허가 아니었다. 그 잔잔함, 그 부드러움 그리고 함께 할 수 없는 제자에 대한 안타까움. 경허는 어쩌면 한암을 속세 육친의 자식처럼 사랑했는지도 모를 일이다. 언제나 한없이 그리워만 하는 대상으로. 그리고 다음의 한 수를 한암에게 보낸다.

捲將窮髮垂天翼
向槍楡且幾時
分離尙矣非難事
所慮浮生杳後期

볼모지의 변방장수가 철익을 갖추어 입은들
그 언제 창을 꼬나 잡을꼬.
이별은 늘 있는 일이어서 어려운 일 아니련만
떠도는 삶 묘연하니 어찌 뒷날을 기약하랴.

　경허의 전별사를 받은 한암은 스승을 따라나서지 못하는
면구함을, 그 송구함을 천대를 가도 변치 않을 이별시로 준비
했다. 쓸쓸한 길 위에서의 만남, 아니면 두 개 구름으로 한 번
의 만남. 그래서 그들이 만나면 천둥이 치고 비가 왔다. 아니
벼락이 쳤다. 그리고 가슴 아픈 작별.

霜菊雪梅過了
如何承侍不多時
萬古光明心月在
更何浮世謾留期

서리 맞은 국화 눈 속의 매화 이미 져버렸는데
어찌하여 많은 시간을 모실 수 없을까.

만고의 밝음이 마음 속 달인 듯 있거늘

어찌 부질없는 세상의 기약을 남기리오.

그리고 한암은 스승 경허와 헤어졌다. 그리고 경허는 제자 한암과 헤어졌다. 부질없는 세상, 일말의 기약마저 남기지 않은 채.

경허와 그 제자들

펴낸날	초판 1쇄 2013년 3월 27일

지은이	우봉규
펴낸이	심만수
펴낸곳	㈜살림출판사
출판등록	1989년 11월 1일 제9-210호

주소	경기도 파주시 문발동 522-1
전화	031-955-1350 팩스 031-955-1355
기획·편집	031-955-4662
홈페이지	http://www.sallimbooks.com
이메일	book@sallimbooks.com

ISBN	978-89-522-2379-1 04080

책임편집 최진